초등 국어 어휘력이 독해력이다

3 단계 B

특징

독해 전, 어휘 먼저 학습!

〈초등 국어 어휘력이 독해력이다 3단계 B〉는 '낱말 → 짧은 글 → 긴 글'로 이어지는 3단계 학습법으로 독해의 기본기를 다질 수 있도록 구성하였습니다.

1단계 〈독해 준비〉 **낱말**로 만나기 → 2단계 〈독해 맛보기〉 **짧은 글**로 만나기 → 3단계 〈독해〉 **긴 글**로 만나기

〈독해〉지문 속 어휘 익히기　　　〈독해〉지문 일부 맛보기　　　〈독해〉하기

교과 연계!
교과 주제 + 교과 어휘

〈초등 국어 어휘력이 독해력이다 3단계 B〉는 초등 3~4학년군 교과목에 따라 단원을 구성하였습니다. 독해 지문은 교과서와 밀접하게 연계된 주제로 구성하였고, 학습 어휘 또한 교과서에서 자주 사용되는 어휘를 활용하였습니다.

교과 융합!
교과 융합 지문 + 문제

〈초등 국어 어휘력이 독해력이다 3단계 B〉는 각 단원마다 하나씩 교과 융합 주제를 수록하였습니다. 두 개의 교과를 융합한 독해 지문과 문제를 통해 사고력 및 깊이 있는 독해력을 키울 수 있습니다.

교과목에 따른 단원 구성	국어	사회와 도덕	과학	예체능
단원별 교과 융합 주제	국어+사회	사회+도덕	과학+도덕	미술+도덕

교과 융합 〈차례〉에 교과 융합 주제가 표시되어 있어요.

구성

교과 융합 주제가 표시되어 있어요.

3단계 학습

1 낱말로 만나기
이미지로 어휘 배우기

독해 지문 속 4개의 어휘를 먼저 학습합니다. 이미지를 통해 어휘의 의미 및 쓰임새를 쉽게 익힐 수 있습니다.

2 짧은 글로 만나기
짧은 글로 독해 맛보기

학습 어휘가 포함된 짧은 글을 읽습니다. 4~5줄의 짧은 글을 읽고, 글을 이해했는지 확인하는 문제를 풉니다.

3 긴 글로 만나기
긴 글로 진짜 독해하기

짧은 글이 포함된 긴 글을 읽습니다. 글을 읽고 글의 세부 내용 확인하기, 글의 흐름 이해하기, 글의 주제 파악하기 등 글을 이해하는 능력(독해력)을 기를 수 있는 문제를 풉니다. 앞서 2단계에서 독해 연습을 했기 때문에 좀 더 쉽게 독해를 할 수 있습니다.

복습

확인 학습
학습 어휘 쓰기

글의 내용을 요약·정리하고, 앞서 배운 학습 어휘를 직접 써 보며 어휘를 다시 한번 확인합니다.

쉬어 가기

쉬어가기
배경지식 넓히기

해당 단원에서 다룬 주제와 관련된 글이나 그림, 사진 등을 통해 배경지식을 넓힐 수 있습니다.

차
례

국어

사회와 도덕

과학

예체능

공부 계획표

국어	01일차 ◯ ___월 ___일	02일차 ◯ ___월 ___일	03일차 ◯ ___월 ___일	04일차 ◯ ___월 ___일	05일차 ◯ ___월 ___일
사회와 도덕	06일차 ◯ ___월 ___일	07일차 ◯ ___월 ___일	08일차 ◯ ___월 ___일	09일차 ◯ ___월 ___일	10일차 ◯ ___월 ___일
과학	11일차 ◯ ___월 ___일	12일차 ◯ ___월 ___일	13일차 ◯ ___월 ___일	14일차 ◯ ___월 ___일	15일차 ◯ ___월 ___일
예체능	16일차 ◯ ___월 ___일	17일차 ◯ ___월 ___일	18일차 ◯ ___월 ___일	19일차 ◯ ___월 ___일	20일차 ◯ ___월 ___일

국어

혹부리 영감

바다가 숨긴 보물

교과 융합 로빈슨 크루소를 읽고

어린이 직업 체험관

01 | 혹부리 영감
전래 동화

정답과 해설 128쪽

낱말로
만나기

1 바른 문장이 되도록 선으로 연결하세요.

허둥지둥   꼬불꼬불   흥얼흥얼   왁자지껄

왁자지껄은 여럿이 시끄럽게 떠드는 소리를 말해요.

산길을 걸어요.   뛰어가요.   노래를 불러요.   떠들어요.

2 [보기]처럼 바른 문장이 되도록 알맞은 말을 골라 빈칸에 쓰세요.

왁자지껄 | 허둥지둥

[보기] 혹부리 영감이 [허둥지둥] 뛰어가요.

꼬불꼬불 | 덩실덩실

혹부리 영감이 [　　　　] 구부러진 산길을 걸어요.

흥얼흥얼 | 꼬불꼬불

혹부리 영감이 [　　　　] 노래를 불러요.

왁자지껄 | 허둥지둥

도깨비들이 [　　　　] 떠들어요.

짧은 글로
만나기

　　어느 날, 혹부리 영감이 산에서 나무를 베다가 밤이 되었어요. 혹부리 영감은 집으로 가기 위해 나무를 챙겨서 **허둥지둥** 뛰어갔어요. 그런데 **꼬불꼬불** 구부러진 산길을 걷다가 길을 잃었어요. 산길을 헤매던 혹부리 영감은 낡은 초가집을 발견했어요.

3 밤이 되자, 혹부리 영감은 집으로 가기 위해 어떻게 뛰어갔나요? ○ 하세요.

허둥지둥

살금살금　　절썩절썩

4 꼬불꼬불 구부러진 산길을 헤매던 혹부리 영감은 무엇을 발견했나요? 답을 쓰세요.

커다란 기와집　│　낡은 초가집

→　낡은 초가집

혹부리 영감은 초가집에서 **흥얼흥얼** 노래를 불렀어요. 그때, 밖에서 **왁자지껄** 떠드는 소리가 들렸어요. 그러더니 초가집 문이 벌컥 열리며 무시무시하게 생긴 도깨비들이 들어왔어요.

"영감은 어떻게 그리 노래를 잘하시오? 방법을 알려 주면 우리가 살려 주지!"

5 혹부리 영감은 무엇을 흥얼흥얼 불렀나요? ○ 하세요.

만세

친구 노래

6 왁자지껄 떠들며 초가집 문을 열고 들어온 것은 누구인가요? 답을 쓰세요.

도깨비들 | 나무꾼들

→

전래 동화

혹부리 영감

긴 글로 만나기

옛날에 얼굴에 커다란 혹이 달린 혹부리 영감이 살았어요. 어느 날, 혹부리 영감이 산에서 나무를 베다가 밤이 되었어요. 혹부리 영감은 집으로 가기 위해 나무를 챙겨서 허둥지둥 뛰어갔어요. 그런데 꼬불꼬불 구부러진 산길을 걷다가 길을 잃었어요. 산길을 헤매던 혹부리 영감은 낡은 초가집을 발견했어요.

"어이쿠, 산길에서 밤을 보내게 될 줄 알았는데 참 다행이구먼!"

혹부리 영감은 초가집에서 흥얼흥얼 노래를 불렀어요. 그때, 밖에서 왁자지껄 떠드는 소리가 들렸어요. 그러더니 초가집 문이 벌컥 열리며 무시무시하게 생긴 도깨비들이 들어왔어요.

"영감은 어떻게 그리 노래를 잘하시오? 방법을 알려 주면 우리가 살려 주지!"

혹부리 영감은 대답을 생각하다가, 습관처럼 혹을 쓰다듬었어요. 그 모습을 보고는 도깨비들이 외쳤어요.

"옳거니! 그 혹이 노래 주머니로군. 노래 주머니를 우리에게 파시오."

도깨비들은 혹부리 영감의 혹을 가져가고, 금은보화를 준 뒤 사라졌어요.

> **금은보화**는 금, 은, 옥, 진주 등의 매우 귀중한 물건을 말해요.

7 도깨비들은 혹부리 영감의 혹을 가져가고 무엇을 주었나요? ○하세요.

금은보화

도깨비방망이

쇠도끼

8 산길에서 초가집을 발견했을 때, 혹부리 영감의 표정은 어땠을까요? 알맞은 것에 ○하세요.

화난 표정

슬픈 표정

다행이란 표정

9 초가집의 문을 열고 들어온 도깨비들은 어떻게 생겼나요? 빈칸에 알맞은 말을 글에서 찾아 쓰세요.

도깨비들은 [   ] 하게 생겼어요.

10 도깨비들은 혹부리 영감의 혹을 왜 가져갔나요? 빈칸에 알맞은 말을 글에서 찾아 쓰세요.

혹부리 영감의 혹이 [   ] 라고 생각했기 때문이에요.

02 | 바다가 숨긴 보물
동시

정답과 해설 130쪽

낱말로
만나기

1   바른 문장이 되도록 선으로 연결하세요.

벌판은 넓고 평평한 땅을 말해요.

썰물 은 •

갯벌 은 •

갯지렁이 는 •

밀물 은 •

• 진흙 벌판이에요.

• 바닷물이 밀려 나가는
  것이에요.

• 바닷물이 밀려
  들어오는 것이에요.

• 갯벌에 사는 동물이에요.

2 [보기]처럼 바른 문장이 되도록 알맞은 말을 골라 빈칸에 쓰세요.

갯지렁이 | 썰물

[보기] 바닷물이 밀려 나가는 [썰물] 에 바다와 육지가 멀어져요.

갯벌 | 밀물

바닷물이 빠지면 넓은 진흙 벌판인 [ ] 이 드러나요.

낙타 | 갯지렁이

갯벌에는 [ ] 가 살아요.

밀물 | 썰물

바닷물이 밀려 들어오는 [ ] 에 바다와 육지가 다시 만나요.

짧은 글로
만나기

바다가 오래전부터 보물을 숨겨 놓았대요.

바다와 육지가 만나는 곳에 보물을 숨겨 놓았대요.

바닷물이 밀려 나가는 **썰물**에 바다와 육지가 멀어지면

드넓게 드러나는 넓은 진흙 벌판인 **갯벌**.

그 갯벌이 바다가 숨겨 놓은 보물이래요.

3 바다와 육지가 무엇 때문에 멀어지나요? ○ 하세요.

밀물

지진   썰물

4 바다가 숨겨 놓은 보물은 무엇인가요? 답을 쓰세요.

파도 | 갯벌

→

갯벌에는 집게발 잘칵잘칵 작은 게도 살고

꾸물꾸물 기어 다니는 **갯지렁이**도 살아요.

바닷물이 밀려 들어오는 **밀물**에 바다와 육지가 다시 만나면

바다는 다시 갯벌을 숨겨 놓지요.

5 갯벌에는 무엇이 살고 있나요? 모두 ○ 하세요.(2개)

금붕어

갯지렁이   게

6 밀물에는 바닷물이 어떻게 되나요? 답을 쓰세요.

밀려 들어와요. | 밀려 나가요.

→

동시

바다가 숨긴 보물

바다가 오래전부터 보물을 숨겨 놓았대요

바다와 육지가 만나는 곳에 보물을 숨겨 놓았대요

바닷물이 밀려 나가는 썰물에 바다와 육지가 멀어지면

드넓게 드러나는 넓은 진흙 벌판인 갯벌

그 갯벌이 바다가 숨겨 놓은 보물이래요

갯벌에는 집게발 잘칵잘칵 작은 게도 살고

여덟 개의 다리로 흐느적흐느적 낙지도 살고

꾸물꾸물 기어 다니는 갯지렁이도 살아요

바닷물이 밀려 들어오는 밀물에 바다와 육지가 다시 만나면

바다는 다시 갯벌을 숨겨 놓지요

7 이 동시의 장면을 알맞게 표현한 그림은 무엇인가요? ○하세요.

8 친구들이 이 동시를 읽고 나눈 대화예요. 바르게 이야기한 사람의 말에 ○하세요.

갯지렁이가 기어 다니는 모습을 '꾸물꾸물'이라고 표현한 점이 재미있어.

서연

정훈

이 동시를 읽었더니 쓸쓸하게 파도치는 바닷가의 모습이 떠올랐어.

9 한 어린이가 이 동시를 읽고 느낀 것을 말해요. 빈칸에 알맞은 말을 글에서 찾아 쓰세요.

" ⬚⬚ 을 바다가 숨긴 보물이라고 표현한 점과

⬚⬚ 에 바다와 육지가 멀어지고,

⬚⬚ 에 바다와 육지가 다시 만난다고 표현한 점이 재미있어."

교과 융합

국어 3-2
7단원
글을 읽고 소개해요
사회 3-2
1단원
환경에 따라 다른 삶의 모습

03 | 로빈슨 크루소를 읽고
독서 감상문

공부한 날
○ 월 □ 일

정답과 해설 132쪽

낱말로
만나기

1 바른 문장이 되도록 선으로 연결하세요.

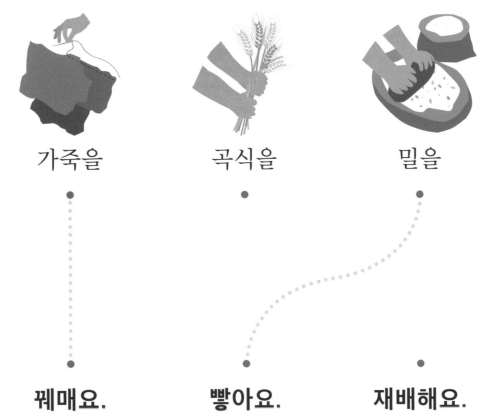

가죽을   곡식을   밀을   집을

꿰매요.   빨아요.   재배해요.   지어요.

'빻다'는 방망이 등으로 내리쳐서
가루로 만드는 것을 말해요.

'재배하다'는 식물을 심어
가꾸는 것을 말해요.

2 [보기]처럼 바른 문장이 되도록 알맞은 말을 골라 빈칸에 쓰세요.

꿰매요 | 빨아요

[보기] 로빈슨 크루소가 가죽을 꿰매요 .

재배해요 | 살아요

로빈슨 크루소가 곡식을 　　　　　 .

꿰매요 | 빨아요

로빈슨 크루소가 밀을 　　　　　 .

지어요 | 재배해요

로빈슨 크루소가 집을 　　　　　 .

짧은 글로
만나기

[은수의 독서 감상문]

　사회 시간에 로빈슨 크루소 이야기를 듣고, 궁금해서 책을 읽었다.

　폭풍우 때문에 무인도에 도착하게 된 로빈슨 크루소는 무인도에서

구할 수 있는 재료들로 의식주를 해결했다. 가죽을 **꿰매서** 옷을 만들

어 입었고, 곡식을 **재배해서** 음식을 만들어 먹었다.

무인도는 사람이
살지 않는 섬을
말해요.

3 로빈슨 크루소는 가죽을 꿰매서 무엇을 만들었나
요? ○ 하세요.

```
악기
```

```
옷            공
```

4 로빈슨 크루소는 어떻게 음식을 만들어 먹었나요?
답을 쓰세요.

편지로 주문해서　|　곡식을 재배해서

→

[은수의 독서 감상문]

　로빈슨 크루소는 직접 재배한 밀을 **빻아서** 만든 밀가루로 빵을 만들기도 했다. 그리고 나무로 기둥을 세워서 집을 **짓기도** 했다. 그러던 중, 우연히 섬에 도착한 배와 선장의 도움으로 28년 만에 무인도에서 벗어나게 되었다.

5 로빈슨 크루소는 밀을 빻아서 만든 밀가루로 무엇을 만들었나요? ○ 하세요.

> 빵

> 떡

> 초콜릿

6 로빈슨 크루소는 집을 어떻게 지었나요? 답을 쓰세요.

나무로 기둥을 세워서 ｜ 벽돌을 쌓아서

> →

독서 감상문

긴글로
만나기

로빈슨 크루소를 읽고

학년/반/이름	3학년 2반 강은수	책 제목	로빈슨 크루소

사회 시간에 무인도에서 의식주를 해결했던 로빈슨 크루소의 이야기를 들었다. 의식주는 사람이 살아가는 데 꼭 필요한 옷, 음식, 집을 말한다. 나는 로빈슨 크루소가 무인도에서 어떻게 살았는지 궁금해서 책을 읽었다.

배를 타고 바다에 나갔던 로빈슨 크루소는 폭풍우로 배가 부서지는 바람에 무인도에 도착하게 되었다. 로빈슨 크루소는 부서진 배에 남아 있던 물건들과 무인도에서 구할 수 있는 재료들로 의식주를 해결했다. 가죽을 꿰매서 옷을 만들어 입었고, 곡식을 재배해서 음식을 만들어 먹었다. 직접 재배한 밀을 빻아서 만든 밀가루로 빵을 만들기도 했다. 그리고 나무로 기둥을 세워서 집을 짓기도 했다. 그러던 중, 우연히 섬에 도착한 배와 선장의 도움으로 28년 만에 무인도에서 벗어나게 되었다.

나는 로빈슨 크루소가 포기하지 않고 노력하는 모습이 대단해 보였다. 나도 로빈슨 크루소처럼 문제가 생겼을 때, 해결하기 위해 열심히 노력해야겠다.

7 은수가 독서 감상문에 쓰지 <u>않은</u> 것은 무엇인가요? X 하세요.

책 제목

책 가격

책 내용

8 친구들이 은수의 독서 감상문을 읽고 나눈 대화예요. 바르게 이야기한 사람의 말에 ○ 하세요.

은수는 도덕 시간에 로빈슨 크루소의 이야기를 듣고, 내용이 궁금해서 책을 읽었어.

지윤

민기

은수는 로빈슨 크루소처럼 문제가 생겼을 때, 해결하기 위해 열심히 노력해야겠다고 생각했어.

9

교과 융합

로빈슨 크루소가 무인도에서 의식주를 어떻게 해결했는지 정리했어요. 빈칸에 알맞은 말을 글에서 찾아 쓰세요.

• **의** : 가죽을 꿰매서 [ ] 을 만들어 입었어요.

• **식** : 곡식을 재배해서 [ ] 을 만들어 먹었어요.

• **주** : 나무로 기둥을 세워서 [ ] 을 지었어요.

04 어린이 직업 체험관

안내문

공부한 날 월 일

정답과 해설 134쪽

낱말로
만나기

1

바른 문장이 되도록 선으로 연결하세요.

성우 는 • 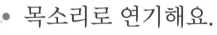 • 목소리로 연기해요.

조종사  는 • • 옛날 사람들의 생활 등을 연구해요.

제빵사  는 • • 비행기를 조종해요.

고고학자 는 • • 빵을 만들어요.

2 [보기]처럼 바른 문장이 되도록 알맞은 말을 골라 빈칸에 쓰세요.

성우 | 제빵사

[보기]
성우 는

목소리를 사용해
연기하는 사람이에요.

조종사 | 성우

□ 는

비행기를 조종하는 사람이에요.

제빵사 | 고고학자

□ 는

빵을 만드는 일을 하는 사람이에요.

조종사 | 고고학자

□ 는

옛날 사람들의 생활이나 문화 등을
연구하는 사람이에요.

짧은 글로
만나기

[어린이 직업 체험관]

　녹음실에서는 **성우** 체험을 할 수 있습니다. 성우는 목소리를 사용해 연기하는 사람입니다.

　공항에서는 **조종사** 체험을 할 수 있습니다. 조종사는 비행기를 조종하는 사람입니다.

3 성우는 무엇을 사용해 연기하는 사람인가요? ○ 하세요.

> 목소리

> 표정　　　손

4 조종사 체험을 하는 곳은 어디인가요? 답을 쓰세요.

공항　|　제빵 학원

→

[어린이 직업 체험관]

제빵 학원에서는 **제빵사** 체험을 할 수 있습니다. 제빵사는 빵을 만드는 일을 하는 사람입니다.

박물관에서는 **고고학자** 체험을 할 수 있습니다. 고고학자는 옛날 사람들의 생활이나 문화 등을 연구하는 사람입니다.

5 빵을 만드는 일을 하는 사람은 누구인가요? ○ 하세요.

고고학자

성우 | 제빵사

6 고고학자 체험을 하는 곳은 어디인가요? 답을 쓰세요.

박물관 | 녹음실

→

안내문

긴글로
만나기

어린이 직업 체험관

어린이 직업 체험관에 오신 여러분을 환영합니다. 이곳에서 여러 가지 직업을 체험해 보면, 어떤 직업을 가질 것인지 생각해 보는 데 도움이 될 것입니다.

녹음실에서는 성우 체험을 할 수 있습니다. 성우는 목소리를 사용해 연기하는 사람입니다. 이곳에서는 만화 캐릭터의 목소리를 연기해 볼 수 있습니다.

공항에서는 조종사 체험을 할 수 있습니다. 조종사는 비행기를 조종하는 사람입니다. 이곳에서는 모형 비행기에 앉아 조종대를 잡고 비행기를 조종해 볼 수 있습니다.

모형은 실물을 본떠 만든 물건을 말해요.

제빵 학원에서는 제빵사 체험을 할 수 있습니다. 제빵사는 빵을 만드는 일을 하는 사람입니다. 이곳에서는 오븐을 이용해서 빵을 구워 볼 수 있습니다.

박물관에서는 고고학자 체험을 할 수 있습니다. 고고학자는 옛날 사람들이 사용한 물건이나 살았던 장소 등을 통해 옛날 사람들의 생활이나 문화 등을 연구하는 사람입니다. 이곳에서는 땅속에 파묻힌 유물 모형을 찾아 볼 수 있습니다.

유물은 옛사람들이 남긴 물건을 말해요.

7 이 안내문은 어디에서 볼 수 있나요? ○하세요.

> 방송국

> 직업 체험관

> 놀이공원

8 이 글의 내용으로 맞으면 ○, 틀리면 X 하세요.

공항에서는 모형 비행기에 앉아 비행기를 조종해 볼 수 있어요.

제빵 학원에서는 오븐으로 빵을 구워 볼 수 있어요.

박물관에서는 만화 캐릭터의 목소리를 연기해 볼 수 있어요.

9 녹음실에서는 어떤 체험을 할 수 있나요? 빈칸에 알맞은 말을 글에서 찾아 쓰세요.

목소리를 사용해 연기하는 □□ □□을 할 수 있어요.

10 한 어린이가 직업 체험관을 다녀온 후, 느낀 것을 말해요. 빈칸에 알맞은 말을 글에서 찾아 쓰세요.

"앞으로 어떤 □□을 가질 것인지 생각해 보는 데 도움이 되었어."

★ 혹부리 영감 흉내 내는 말을 알아요.

● 빈칸에 알맞은 말을 [보기]에서 골라 쓰세요.

[보기]	꼬불꼬불	왁자지껄	허둥지둥	흥얼흥얼

혹부리 영감이  〔　　　　〕 뛰어갔어요.

혹부리 영감은  〔　　　　〕 구부러진 산길을 걸었어요.

혹부리 영감이  〔 흥얼흥얼 〕 노래를 불렀어요.

 〔　　　　〕 떠드는 소리가 들리며 도깨비들이 들어왔어요.

★ 바다가 숨긴 보물 갯벌에 대해 알아요.

● 빈칸에 알맞은 말을 [보기]에서 골라 쓰세요.

| [보기] | 갯벌 | 갯지렁이 | 밀물 | 썰물 |

- 바닷물이 이동하는 현상

바닷물이 밀려 나가는 [썰물]에 바다와 육지가 멀어져요.

바닷물이 밀려 들어오는 [ ]에 바다와 육지가 다시 만나요.

- 바닷물의 이동으로 볼 수 있는 것

바닷물이 빠지면 넓은 진흙 벌판인 [ ]이 드러나요.

갯벌에 사는 [ ]가 꾸물꾸물 기어 다녀요.

★ 로빈슨 크루소를 읽고 내용을 정리해요. ● 빈칸에 알맞은 말을 [보기]에서 골라 쓰세요.

| [보기] | 꿰맸어요 | 빨았어요 | 재배했어요 | 지었어요 |

로빈슨 크루소는 무인도에서 구할 수 있는 재료들로 의식주를 해결했어요.

옷을 만들기 위해 가죽을 ⬚ .

음식을 만들기 위해 곡식을 ⬚ .

밀가루를 만들기 위해 밀을 빨았어요 .

나무를 다듬어서 집을 ⬚ .

★ 어린이 직업 체험관　직업에 대해 알아요.

● 빈칸에 알맞은 말을 [보기]에서 골라 쓰세요.

| [보기] | 고고학자 | 성우 | 제빵사 | 조종사 |

목소리를
사용해 연기하는

비행기를 조종하는

빵을 만드는

옛날 사람들의 생활,
문화 등을 연구하는

고고학자

갯벌에 사는 동물들

갯벌에는 다양한 동물들이 살아요. 썰물에 갯벌이 드러나면 갯벌에 사는 동물들도 모습을 드러내지요. 어떤 동물이 살고 있는지 알아볼까요?

농게

농게는 암컷과 수컷의 생김새가 달라요. 암컷의 양쪽 집게발은 작고 크기가 비슷한데, 수컷은 한쪽 집게발이 몸에 비해 커다랗지요.

맛조개

맛조개는 대나무처럼 가늘고 긴 원통 모양으로 생겼어요. 맛조개는 갯벌에 긴 구멍을 내고, 그 안에서 살아요.

말뚝망둑어

말뚝망둑어는 갯벌에 사는 물고기로, 눈이 머리 위로 튀어나와 있어요. 가슴지느러미를 이용해 갯벌을 뛰어다니며 먹이를 쫓아요.

사회와 도덕

06 | 지훈이에게 보내는 편지
편지글

정답과 해설 136쪽

낱말로
만나기

1 바른 문장이 되도록 선으로 연결하세요.

밭농사를   **산나물**을   **등산로**를   **과수원**에

사과나무를

지어요.   심어요.   캐요.   걸어요.

2 [보기]처럼 바른 문장이 되도록 알맞은 말을 골라 빈칸에 쓰세요.

밭농사 | 등산로

[보기] 산에 사는 사람들은 주로 │ 밭농사 │를 지어요.

산나물 | 과수원

산에서 │   │을 캐서 음식을 만들어요.

밭농사 | 등산로

│   │를 따라 걸으며 등산을 해요.

과수원 | 산나물

│   │에 사과나무를 심어요.

짧은 글로
만나기

[민아의 편지]

내가 이사를 온 지 벌써 다섯 달이 되었어. 여기는 산이 아주 많아. 이곳에 사는 사람들은 주로 **밭농사**를 지어. 밭에서는 감자나 배추 같은 채소를 많이 길러. 또, 산에서 **산나물**을 캐서 음식도 만들어. 나는 산나물이 들어간 음식 중에 산채비빔밥을 가장 좋아해.

3 민아가 이사 간 곳에 사는 사람들은 밭농사를 지어서 무엇을 기르나요? 모두 ○ 하세요.(2개)

감자

벼   배추

4 민아는 산나물이 들어간 음식 중에 무엇을 가장 좋아하나요? 답을 쓰세요.

산나물국 | 산채비빔밥

→

[민아의 편지]

집 근처에 산이 있어서, 주말마다 부모님과 **등산로**를 따라 걸으며 등산을 하기도 해.

과수원에 내 이름을 건 사과나무를 심기도 했어. 나중에 사과나무에 맛있는 사과가 열리면 너에게 선물로 보낼게.

5 민아는 주말마다 부모님과 어디를 따라 걷나요? ○ 하세요.

바닷길

도로   등산로

6 민아는 과수원에 무엇을 심었나요? 답을 쓰세요.

배나무 | 사과나무

→

편지글

긴글로
만나기

지훈이에게 보내는 편지

지훈이에게

지훈아, 안녕? 나 민아야. 잘 지냈니?

내가 이사를 온 지 벌써 다섯 달이 되었어. 여기는 산이 아주 많아. 원래 살던 바다 근처와는 자연환경이 달라서 사람들의 생활 모습도 많이 달라. 이곳에 사는 사람들은 주로 밭농사를 지어. 밭에서는 감자나 배추 같은 채소를 많이 길러. 또, 산에서 산나물을 캐서 음식도 만들어. 나는 산나물이 들어간 음식 중에 산나물과 밥을 비벼 먹는 산채비빔밥을 가장 좋아해. 그리고 집 근처에 산이 있어서, 주말마다 부모님과 등산로를 따라 걸으며 등산을 하기도 해.

과수원에 내 이름을 건 사과나무를 심기도 했어. 나중에 사과나무에 맛있는 사과가 열리면 너에게 선물로 보낼게.

지훈아, 잘 지내. 그럼 안녕.

20○○년 5월 ○일

민아 씀

7 민아가 이사 간 곳에는 무엇이 많다고 했나요? ○하세요.

바다

산

들

8 민아가 이사 간 곳에서 주로 볼 수 있는 모습으로 알맞은 것은 무엇인가요? ○하세요.

밭농사

해수욕장

도시

9 이 글은 어떤 글인가요? 빈칸에 알맞은 말을 글에서 찾아 쓰세요.

민아가 지훈이에게 보내는 ⬚⬚ 예요.

10 민아가 자연환경이 다른 곳으로 이사를 갔더니, 어떤 모습도 다르다고 했나요? 빈칸에 알맞은 말을 글에서 찾아 쓰세요.

자연환경이 달라서 사람들의 ⬚⬚ ⬚⬚ 도 다르다고 했어요.

07 청동기 마을의 특별한 하루
동화

공부한 날
월   일

정답과 해설 138쪽

낱말로
만나기

1 바른 문장이 되도록 선으로 연결하세요.

> **청동**은 금속의 하나로,
> 녹슬면 푸른빛을 띠어요.

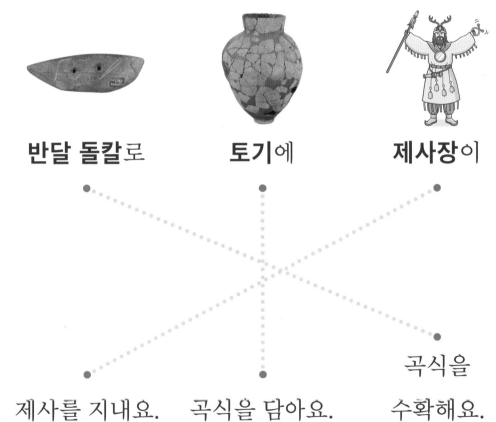

반달 돌칼로   **토기**에   **제사장**이   **청동**으로

제사를 지내요.   곡식을 담아요.   곡식을
수확해요.   도구를
만들어요.

2 [보기]처럼 바른 문장이 되도록 알맞은 말을 골라 빈칸에 쓰세요.

반달 돌칼 | 토기

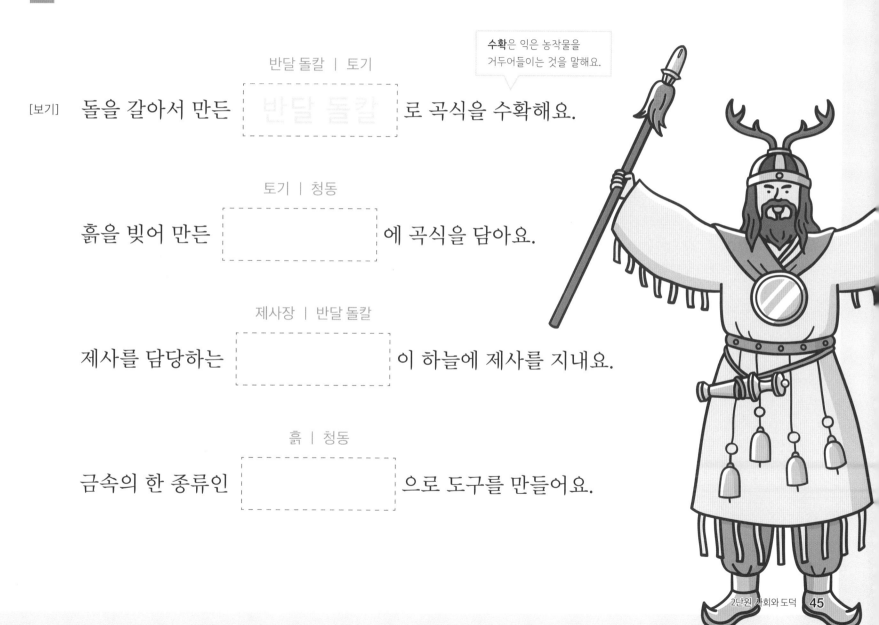

수확은 익은 농작물을 거두어들이는 것을 말해요.

[보기] 돌을 갈아서 만든 반달 돌칼 로 곡식을 수확해요.

토기 | 청동

흙을 빚어 만든 [   ] 에 곡식을 담아요.

제사장 | 반달 돌칼

제사를 담당하는 [   ] 이 하늘에 제사를 지내요.

흙 | 청동

금속의 한 종류인 [   ] 으로 도구를 만들어요.

짧은 글로
만나기

장군이는 아버지와 함께 제사에 쓸 곡식을 준비하러 나갔어요. 아버지는 돌을 반달 모양으로 갈아서 만든 **반달 돌칼**로 곡식을 수확했어요. 장군이는 아버지가 수확한 곡식을 토기에 담았어요. **토기**는 흙을 빚어 만든 그릇으로, 주로 곡식을 담는 데 사용했지요.

3 아버지는 반달 돌칼로 무엇을 수확했나요? ○ 하세요.

나무

풀　　　곡식

4 토기는 어떻게 만든 그릇인가요? 답을 쓰세요.

흙을 빚어서　│　돌을 갈아서

→

오후가 되자, 마을 사람들이 나무 아래에 모였어요. 마을의 제사를 담당하는 **제사장**님도 왔어요. 제사장님은 금속의 한 종류인 **청동**으로 만든 도구를 몸에 지니고 있었어요. 청동은 귀하고 다루기 어려워서, 주로 무기나 제사 도구를 만드는 데 쓰였어요.

5 마을의 제사를 담당하는 것은 누구인가요? ○ 하세요.

제사장

장군 | 아버지

6 제사장님은 무엇으로 만든 도구를 지니고 있었나요? 답을 쓰세요.

청동 | 얼음

→

동화

청동기 마을의 특별한 하루

오늘은 청동기 마을에서 하늘에 제사를 지내는 특별한 날이에요. 장군이는 아버지와 함께 제사에 쓸 곡식을 준비하러 나갔어요. 아버지는 돌을 반달 모양으로 갈아서 만든 반달 돌칼로 곡식을 수확했어요. 장군이는 아버지가 수확한 곡식을 토기에 담았어요. 토기는 흙을 빚어 만든 그릇으로, 주로 곡식을 담는 데 사용했지요.

오후가 되자, 마을 사람들이 나무 아래에 모였어요. 마을의 제사를 담당하는 제사장님도 왔어요. 제사장님은 금속의 한 종류인 청동으로 만든 도구를 몸에 지니고 있었어요. 허리에는 청동 검을 차고, 목에는 청동 거울을 걸고, 손에는 청동 방울을 들었지요. 청동은 귀하고 다루기 어려워서, 주로 무기나 제사 도구를 만드는 데 쓰였어요. 장군이는 제사장님의 청동 도구들이 신기했어요.

"내년에도 마을이 적의 침입을 받지 않고, 곡식도 잘 자라도록 살펴 주소서."

제사장님이 하늘을 향해 청동 방울을 흔들었어요. 청동 거울은 햇빛을 받아 번쩍거렸어요. 장군이도 가족과 함께 마을 사람들의 행복을 빌었답니다.

7 오늘은 청동기 마을에서 무엇을 하는 날인가요? ○ 하세요.

제사

전쟁

결혼

8 제사장님이 몸에 지니고 있던 도구는 무엇인가요? 모두 ○ 하세요. (2개)

반달 돌칼

청동 거울

청동 검

9 이 글을 읽고, 청동기 마을의 모습을 정리했어요. 빈칸에 알맞은 말을 글에서 찾아 쓰세요.

• ⬚⬚⬚⬚ 은 돌을 갈아 만든 도구로, 곡식을 수확할 때 사용했어요.

• ⬚⬚ 는 흙을 빚어 만든 그릇으로, 주로 곡식을 담는 데 사용했어요.

• 제사장은 ⬚⬚ 으로 만든 거울, 방울 등을 사용했어요.

★교과 융합

사회 3-2
3단원
가족의 형태와 역할 변화
도덕 3
3단원
사랑이 가득한 우리 집

08 | 다양한 가족 형태
설명문

공부한 날

⬤ 월 ☐ 일

정답과 해설 140쪽

낱말로
만나기

1 바른 문장이 되도록 선으로 연결하세요.

확대 가족 은 •⋯⋯⋯⋯⋯⋯⋯⋯• 부모와 결혼한 자녀가
함께 살아요.

핵가족 은 • 국적과 문화가 다른
사람들이 함께 살아요.

조손 가족 은 • 부모와 결혼하지 않은
자녀가 함께 살아요.

다문화 가족 은 • 조부모와 손자 혹은
손녀가 함께 살아요.

2 [보기]처럼 바른 문장이 되도록 알맞은 말을 골라 빈칸에 쓰세요.

확대 가족 ｜ 핵가족

[보기] 　확대 가족　 은 부모와 결혼한 자녀가 함께 사는 가족이에요.

확대 가족 ｜ 핵가족

　　　　　　 은 부모와 결혼하지 않은 자녀가 함께 사는 가족이에요.

다문화 가족 ｜ 조손 가족

조부모는 할아버지와 할머니를 말해요.

　　　　　　 은 조부모와 손자 혹은 손녀가 함께 사는 가족이에요.

다문화 가족 ｜ 조손 가족

국적은 한 나라의 구성원이 되는 자격을 말해요.

　　　　　　 은 국적과 문화가 다른 사람들이 함께 사는 가족이에요.

**짧은 글로
만나기**

옛날과 오늘날의 가족 형태는 많이 달라졌습니다. 옛날에는 부모와 결혼한 자녀가 함께 사는 **확대 가족**이 많았습니다.

오늘날은 부모와 결혼하지 않은 자녀가 함께 사는 **핵가족**이 더 많습니다. 직장 때문에 다른 지역으로 이사를 하는 등 여러 가지 이유로 부모와 떨어져 사는 경우가 많기 때문입니다.

3 옛날에는 어떤 가족이 많았나요? ○ 하세요.

> 다문화 가족

> 핵가속

> 확대 가족

4 핵가족은 부모와 누가 함께 사는 가족인가요? 답을 쓰세요.

> 결혼하지 않은 자녀 | 결혼한 자녀

> →

오늘날 가족의 형태는 더욱 다양해지고 있습니다. **조손 가족**은 조부모인 할아버지, 할머니와 손자 혹은 손녀가 함께 사는 가족입니다. **다문화 가족**은 국적과 문화가 다른 사람들이 함께 사는 가족입니다. 가족 안에 다양한 문화가 함께 존재해서 다문화 가족이라고 부릅니다.

5 조손 가족은 손자 혹은 손녀와 누가 함께 사는 가족인가요? ○ 하세요.

외국인

자녀 | 조부모

6 국적과 문화가 다른 사람들로 이루어진 가족은 무엇인가요? 답을 쓰세요.

다문화 가족 | 조손 가족

→

설명문

긴글로
만나기

다양한 가족 형태

일손은 일하는 사람을 말해요.

옛날과 오늘날의 가족 형태는 많이 달라졌습니다. 옛날에는 부모와 결혼한 자녀가 함께 사는 확대 가족이 많았습니다. 주로 농사를 지었던 옛날에는 일손이 많이 필요했기 때문에 부모와 결혼한 자녀가 함께 모여 살았습니다.

하지만 오늘날은 부모와 결혼하지 않은 자녀가 함께 사는 핵가족이 더 많습니다. 자녀 교육을 위해 도시로 떠나거나, 직장 때문에 다른 지역으로 이사를 하는 등 여러 가지 이유로 부모와 떨어져 사는 경우가 많기 때문입니다.

오늘날 가족의 형태는 더욱 다양해지고 있습니다. 조손 가족은 조부모인 할아버지, 할머니와 손자 혹은 손녀가 함께 사는 가족입니다. 그리고 다문화 가족도 있습니다. 다문화 가족은 국적과 문화가 다른 사람들이 함께 사는 가족입니다. 가족 안에 다양한 문화가 함께 존재해서 다문화 가족이라고 부릅니다.

이처럼 가족의 형태는 매우 다양합니다. 따라서 우리 가족과 다른 형태의 가족에 대해 편견을 갖거나 차별하지 말고, 각각의 가족을 존중해야 합니다.

편견은 올바르지 못하고 한쪽으로 치우친 생각을 말해요.

7 이 글은 무엇을 설명하고 있나요? ○ 하세요.

가족 구성원의 역할

다양한 가족 형태

가족의 취미 생활

8 민수가 가족을 소개하고 있어요. 민수네 가족의 형태로 알맞은 것에 ○ 하세요.

민수

우리 가족은 할아버지, 할머니 그리고 저예요. 할머니는 맛있는 음식을 해 주시고, 할아버지는 장난감을 만들어 주세요.

다문화 가족

조손 가족

확대 가족

9 다문화 가족에 대한 설명이에요. 빈칸에 알맞은 말을 글에서 찾아 쓰세요.

다문화 가족은 [ ]과 [ ]가 다른 사람들이 함께 살아요.

10 교과 융합 우리 가족과 다른 형태의 가족은 어떻게 대해야 하나요? 빈칸에 알맞은 말을 글에서 찾아 쓰세요.

다른 형태의 가족에 대해 [ ]을 갖지 말고 [ ]해야 해요.

09 | 교통안전 규칙
안내문

정답과 해설 142쪽

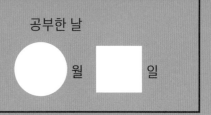

낱말로
만나기

1 바른 문장이 되도록 선으로 연결하세요.

횡단보도를 건너기 전 • .... • **안전선** 안에 서요.

교통 신호  를 • • 나요.

차도  로 • • 지켜요.

교통사고  가 • • 자동차가 다녀요.

2 [보기]처럼 바른 문장이 되도록 알맞은 말을 골라 빈칸에 쓰세요.

[보기]

안전선 | 교통사고

횡단보도를 건너기 전에 [안전선] 안에 서요.

밭농사 | 교통 신호

[　　　　] 를 지켜요.

녹음실 | 차도

[　　　　] 로 자동차가 다녀요.

교통사고 | 교통 신호

 교통안전 규칙을 지키지 않으면, [　　　　] 가 나요.

짧은 글로
만나기

[교통안전 규칙]

▶ 횡단보도를 건너기 전에는

• **안전선** 안에 섭니다.

• **교통 신호**를 지킵니다. 신호등에 빨간불이 켜져 있을 때에는 횡단

보도를 건너지 않습니다. 무단 횡단은 절대로 하지 않습니다.

3 횡단보도를 건너기 전에는 어디에 서야 하나요? ○
하세요.

```
안전선 안
```

```
차도 근처          안전선 밖
```

4 횡단보도를 건너기 전에는 무엇을 지켜야 하나요?
답을 쓰세요.

무단 횡단 | 교통 신호

```
→
```

다음 글을 읽고, 질문에 답하세요. [5~6]

[교통안전 규칙]

▶ 횡단보도를 이용하지 않을 때에는

- 사람이 다니는 인도 안쪽에서 천천히 걸어 다닙니다.

- **차도**로 다니지 않습니다. 차도는 자동차가 다니는 길이기 때문에, **교통사고**가 날 수 있습니다.

5 횡단보도를 이용하지 않을 때에는 어디로 걸어 다녀야 하나요? ○ 하세요.

┌─────────────┐
│   철도   │
└─────────────┘

┌─────────┐   ┌─────────┐
│ 차도   │   │ 인도   │
└─────────┘   └─────────┘

6 차도는 무엇이 다니는 길인가요? 답을 쓰세요.

기차 | 자동차

┌──────────────────────┐
│ →   │
└──────────────────────┘

긴 글로
만나기

교통안전 규칙

▶ 횡단보도를 건너기 전에는

- 안전선 안에 섭니다. 안전선 밖에 있으면 자동차에 부딪힐 수 있습니다.

- 교통 신호를 지킵니다. 신호등에 빨간불이 켜져 있을 때에는 횡단보도를 건너지 않습니다. 무단 횡단은 절대로 하지 않습니다.

▶ 횡단보도를 건널 때에는

- 신호등이 초록불로 바뀌면 왼쪽, 오른쪽을 살펴보면서 자동차가 모두 멈추었는지 확인합니다. 그다음, 횡단보도를 건넙니다.

- 신호등에서 초록불이 깜빡일 때에는 횡단보도를 건너지 않습니다.

▶ 횡단보도를 이용하지 않을 때에는

- 사람이 다니는 인도 안쪽에서 천천히 걸어 다닙니다.

- 차도로 다니지 않습니다. 차도는 자동차가 다니는 길이기 때문에, 교통사고가 날 수 있습니다.

7 이 글은 어떤 글인가요? ○ 하세요.

안내문

기사문

홍보문

8 친구들이 이 글을 읽고 나눈 대화예요. <u>잘못</u> 이야기한 사람의 말에 X 하세요.

횡단보도를 건너려고 할 때, 신호등에서 초록불이 깜빡이면 빠르게 뛰어야 해.

민정

신호등이 초록불로 바뀌면 왼쪽, 오른쪽을 살펴본 다음 횡단보도를 건너가야 해.

명훈

9 횡단보도를 건너기 전에 지켜야 하는 교통안전 규칙은 무엇인가요? 빈칸에 알맞은 말을 글에서 찾아 쓰세요.

교통 신호를 지키고, ☐☐☐ ☐☐☐은 절대로 하지 않아요.

10 한 어린이가 이 안내문을 읽고, 다짐한 것을 말해요. 빈칸에 알맞은 말을 글에서 찾아 쓰세요.

"앞으로 ☐☐☐ 규칙을 잘 지키는 어린이가 될 거야."

★ 민아의 편지　내용을 정리해요.　　　● 빈칸에 알맞은 말을 [보기]에서 골라 쓰세요.

[보기]	과수원	등산로	밭농사	산나물

• 산이 많은 지역에 사는 사람들의 생활 모습

❶ 감자나 배추 같은 채소를 기르는 [＿＿＿＿＿＿]를 해요.

❷ 산에서 [＿＿＿＿＿]을 캐서, 음식을 만들어요.

❸ [등산로]를 따라 걸으며 등산을 해요.

❹ [＿＿＿＿＿]에 사과나무를 심고, 길러요.

★ 청동기 마을의 특별한 하루 내용을 정리해요.

● 빈칸에 알맞은 말을 [보기]에서 골라 쓰세요.

[보기]　　　반달 돌칼　　　제사장　　　청동　　　토기

돌을 갈아서 만든 [　　　　　]로 곡식을 수확해요.

흙을 빚어 만든 [　　　　　]에 곡식을 담아요.

제사를 담당하는 [　　　　　]이 하늘에 제사를 지내요.

금속의 한 종류인 [　청동　]으로 도구를 만들어요.

★ 다양한 가족 형태 비교하여 정리해요.

● 빈칸에 알맞은 말을 [보기]에서 골라 쓰세요.

[보기]	다문화 가족	조손 가족	확대 가족	핵가족

부모와 결혼한 자녀가
함께 사는 가족

핵가족

부모와
결혼하지 않은 자녀가
함께 사는 가족

조부모와 손자 혹은
손녀가 함께 사는 가족

국적과 문화가 다른
사람들이 함께 사는 가족

★ **교통안전 규칙** 교통안전 포스터를 만들어요.

● 빈칸에 알맞은 말을 [보기]에서 골라 쓰세요.

[보기]	교통사고	교통 신호	안전선	차도

교통안전 규칙을 지키지 않으면 [＿＿＿＿＿＿] 가 날 수 있어요!

❶ [＿＿＿＿＿＿] 안에 서요.

❷  를 지켜요.

❸ [＿＿＿＿＿＿] 로 다니지 않아요.

각 고장의 대표적인 음식

각 고장마다 대표적인 음식이 달라요. 고장마다 자연환경이 다르고, 그에 맞게 음식이 발달했기 때문이지요.

전주비빔밥

전주의 대표 음식이에요. 전주에는 넓은 들과 산이 있어서 쌀과 채소를 기르기 좋아요. 그래서 쌀과 채소를 넣은 비빔밥이 유명해졌지요.

간고등어

안동의 대표 음식으로, 소금에 절인 고등어예요. 안동은 바다와 멀어서 고등어를 운반할 때, 소금을 뿌려서 고등어가 상하는 것을 막았어요.

평양냉면

평양의 대표 음식이에요. 평양은 날씨가 서늘하고, 비가 많이 내리지 않아서 메밀을 재배하기 좋아요. 그래서 메밀로 면을 만든 평양냉면이 유명해졌지요.

과학

사막에 사는 동물들

툭툭이의 여행

자전거를 고쳐요

교과 융합 소음을 줄여요

11 | # 사막에 사는 동물들
설명문

공부한 날
 월 일

정답과 해설 144쪽

낱말로
만나기

1 바른 문장이 되도록 선으로 연결하세요.

 **사막**은 • ⸱⸱⸱⸱⸱⸱⸱⸱⸱⸱⸱⸱⸱⸱⸱⸱⸱⸱⸱ • 비가 거의 오지 않아요.

 전갈은 • • 등에 혹이 있어요.

 사막여우는 • • 몸에 비해 귀가 커요.

 낙타는 • • 온몸이 딱딱한 껍데기로
되어 있어요.

2 [보기]처럼 바른 문장이 되도록 알맞은 말을 골라 빈칸에 쓰세요.

갯벌 ㅣ 사막

[보기] | 사막 | 은 비가 거의 오지 않아서 물이 부족해요.

전갈 ㅣ 뱀

| | 은 온몸이 딱딱한 껍데기로 되어 있어요.

호랑이 ㅣ 사막여우

| | 는 몸에 비해 큰 귀가 있어요.

낙타 ㅣ 사막여우

| | 는 등에 큰 혹이 있어요.

짧은 글로
만나기

사막은 비가 거의 오지 않아 물이 부족합니다. 낮에는 덥고, 밤에는 춥습니다. 모래바람도 많이 붑니다. 이처럼 동물들이 살기 좋은 환경은 아니지만, 사막에도 여러 동물들이 살고 있습니다.

전갈은 온몸이 딱딱한 껍데기로 되어 있습니다. 그래서 몸에 있는 물이 밖으로 잘 빠져나가지 않습니다.

3 사막에는 어떤 바람이 많이 부나요? ○ 하세요.

비바람

모래바람 | 봄바람

4 전갈은 온몸이 무엇으로 되어 있나요? 답을 쓰세요.

부드러운 털 | 딱딱한 껍데기

→

사막여우는 몸에 비해 큰 귀가 있습니다. 커다란 귀를 통해서 몸의 열을 밖으로 내보내고, 체온을 조절합니다.

낙타는 등에 큰 혹이 있습니다. 혹 안에는 지방이 있습니다. 이 지방을 통해 영양분을 얻을 수 있어서, 며칠 동안 먹지 않아도 생활할 수 있습니다.

영양분은 살아가는 데 필요한 에너지와 성분을 말해요.

5 사막여우는 무엇을 통해서 체온을 조절하나요? ○ 하세요.

큰 혹

딱딱한 껍데기   커다란 귀

6 낙타의 등에 있는 큰 혹 안에는 무엇이 있나요? 답을 쓰세요.

물 | 지방

→

설명문

긴글로
만나기

사막에 사는 동물들

사막은 비가 거의 오지 않아 물이 부족합니다. 그리고 낮에는 덥고, 밤에는 매우 춥습니다. 모래바람도 많이 붑니다. 이처럼 동물들이 살기 좋은 환경은 아니지만, 사막에도 여러 동물들이 살고 있습니다.

전갈은 온몸이 딱딱한 껍데기로 되어 있습니다. 그래서 몸에 있는 물이 밖으로 잘 빠져나가지 않습니다.

사막여우는 몸에 비해 큰 귀가 있습니다. 커다란 귀를 통해서 몸의 열을 밖으로 내보내고, 체온을 조절합니다. 그리고 사막여우의 발바닥은 털로 덮여 있습니다. 발바닥 털이 뜨거운 모래 위를 걸어도 다치지 않도록 보호해 줍니다.

낙타는 등에 큰 혹이 있습니다. 혹 안에는 지방이 있습니다. 이 지방을 통해 영양분을 얻을 수 있어서, 며칠 동안 먹지 않아도 생활할 수 있습니다. 콧구멍을 열고 닫을 수도 있어서, 모래바람이 불어도 모래가 잘 들어가지 않습니다.

이처럼 사막에 사는 동물들은 사막과 같은 특이한 환경에서도 살아갈 수 있는 특징을 가지고 있습니다.

7 전갈, 사막여우, 낙타는 어디에 사는 동물인가요? ○하세요.

산

사막

바다

8 빈칸에 알맞은 동물은 무엇인가요? ○하세요.

　는 콧구멍을 열고 닫을 수 있어서, 모래 바람이 불어도 모래가 잘 들어가지 않아요.

사막여우　　　전갈　　　낙타

9 다음은 사막여우의 특징이에요. 빈칸에 알맞은 말을 글에서 찾아 쓰세요.

　　　에 　이 있어서 뜨거운 모래 위를 걸어도 다치지 않아요.

10 전갈, 사막여우, 낙타는 어떻게 사막에서도 살 수 있나요? 빈칸에 알맞은 말을 글에서 찾아 쓰세요.

사막과 같은 특이한 환경에서도 살아갈 수 있는 　　이 있기 때문이에요.

12 | 툭툭이의 여행
동화

정답과 해설 146쪽

낱말로
만나기

1 바른 문장이 되도록 선으로 연결하세요.

강 **상류**  는 •   • 강이 시작되는 곳에서 가까운 부분이에요.

강폭 은 •   • 기울어진 상태예요.

경사 는 •   • 강의 너비예요.

강 **하류**  는 •   • 강의 아랫부분이에요.

2 [보기]처럼 바른 문장이 되도록 알맞은 말을 골라 빈칸에 쓰세요.

상류 | 하류

[보기] 강 [상류] 는 강이 시작되는 곳에서 가까운 부분이에요.

강폭 | 경사

[ ] 은 강을 가로질러 잰 길이로, 강의 너비예요.

경사 | 강폭

[ ] 는 비스듬히 기울어진 상태예요.

상류 | 하류

강 [ ] 는 강의 아랫부분이에요.

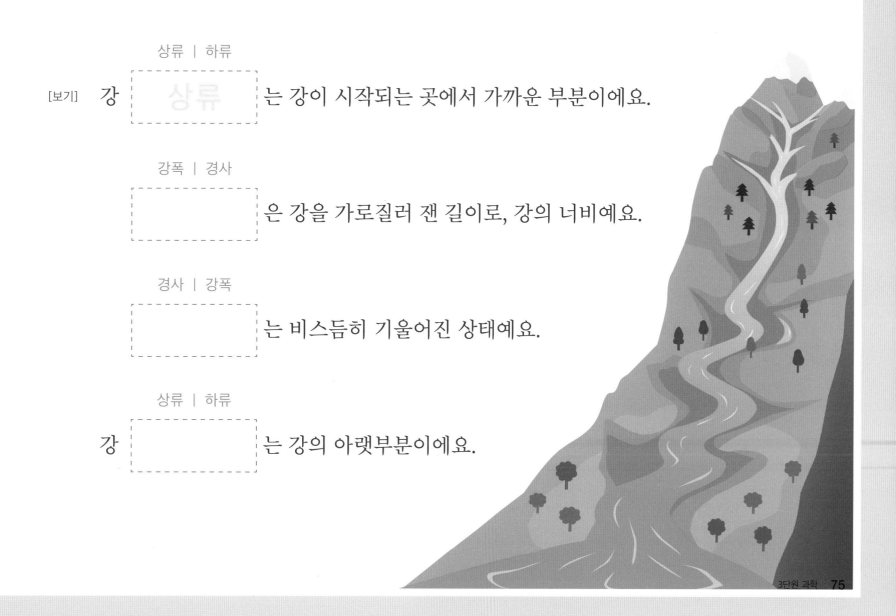

짧은 글로
만나기

　　툭툭이는 강에 사는 돌멩이예요. 강이 시작되는 곳에서 가까운 곳인, 강 **상류**에 살았지요. 상류에는 크고, 울퉁불퉁한 바위 친구들이 많았어요. 강 상류는 강의 아래쪽과 비교했을 때, 강의 너비인 **강폭**이 좁았어요.

3 강 상류에는 어떤 친구들이 많았나요? ○ 하세요.

큰 바위

고운 흙

작은 모래

4 강 상류는 강의 아래쪽과 비교했을 때, 강폭이 어떠했나요? 답을 쓰세요.

좁았어요.　　｜　　넓었어요.

→

툭툭이가 살던 강 상류는 **경사**가 급해서 바닥이 많이 기울어져 있었지요. 그리고 강물이 빠르게 흘렀어요.

어느 날, 툭툭이가 강물에 휩쓸리고 말았어요. 툭툭이는 강의 아랫부분인 **하류**까지 떠내려오게 되었어요. 강 하류는 상류보다 강폭이 넓고, 경사가 급하지 않았어요. 강물도 느리게 흘렀지요.

5 경사가 급해서 바닥이 많이 기울어진 곳은 어디인가요? ○ 하세요.

강 상류

강 하류

6 툭툭이는 무엇에 휩쓸려서 하류까지 떠내려왔나요? 답을 쓰세요.

강물 | 폭풍우

→

동화

툭툭이의 여행

툭툭이는 강에 사는 돌멩이예요. 강이 시작되는 곳에서 가까운 곳인, 강 상류에 살았지요. 상류에는 크고, 울퉁불퉁한 바위 친구들이 많았어요. 강 상류는 강의 아래쪽과 비교했을 때, 강의 너비인 강폭이 좁았어요. 또 경사가 급해서 바닥이 많이 기울어져 있었지요. 그리고 강물이 빠르게 흘렀어요.

어느 날, 툭툭이가 빠르게 흐르는 강물에 휩쓸리고 말았어요. 툭툭이는 너무 무서웠어요. 툭툭이는 강의 아랫부분인 하류까지 떠내려오게 되었어요. 강 하류는 상류보다 강폭이 넓고, 경사가 급하지 않았어요. 강물도 느리게 흘렀지요.

강 하류에 멈춘 뒤, 자신의 모습을 본 툭툭이는 깜짝 놀랐어요. 돌멩이였던 툭툭이의 몸이 아주 작은 모래로 바뀌었기 때문이에요. 그때, 강 하류에 있던 고운 흙과 모래들이 다가와 툭툭이에게 말을 걸었어요.

"강물에 휩쓸려 내려오면서 몸이 깎여 나갔구나. 우리도 하류로 떠내려오면서 모습이 바뀌었어. 그렇지만 지금의 네 모습도 정말 멋있어!"

툭툭이는 새로 바뀐 모습으로, 새로운 친구들과 함께 행복하게 지냈어요.

7 이 글의 배경은 어디인가요? ○ 하세요.

사막

바다

강

8 친구들이 이 글을 읽고 나눈 대화예요. 잘못 이야기한 사람의 말에 X 하세요.

강 상류에는 툭툭이보다 훨씬 작은 흙과 모래 친구들이 많았어.

지안

툭툭이가 살았던 강 상류는 강 하류와 비교했을 때, 강폭이 좁았어.

선호

9 툭툭이가 떠내려오게 된 강 하류에 대한 설명이에요. 빈칸에 알맞은 말을 글에서 찾아 쓰세요.

강 하류는 강폭이 넓고, ☐☐가 급하지 않았어요.

10 강 상류와 강 하류에서 각각 강물이 어떻게 흘렀나요? 빈칸에 알맞은 말을 글에서 찾아 쓰세요.

상류는 강물이 ☐☐☐ 흘렀고, 하류는 ☐☐☐ 흘렀어요.

13 | **자전거를 고쳐요**
생활문

정답과 해설 148쪽

낱말로
만나기

1 바른 문장이 되도록 선으로 연결하세요.

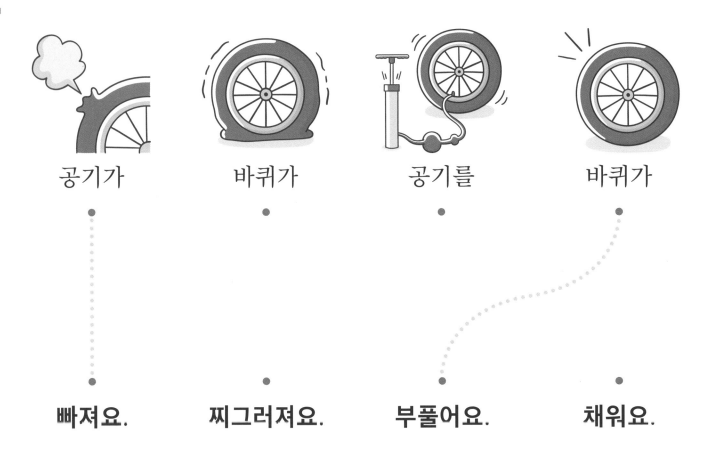

공기가   바퀴가   공기를   바퀴가

빠져요.   찌그러져요.   부풀어요.   채워요.

2 [보기]처럼 바른 문장이 되도록 알맞은 말을 골라 빈칸에 쓰세요.

빠져요 | 꿰매요

[보기] 자전거 바퀴에서 공기가 [빠져요] .

재배해요 | 찌그러져요

자전거 바퀴가 [　　　　] .

채워요 | 빨아요

자전거 바퀴에 공기를 [　　　　] .

부풀어요 | 약속해요

자전거 바퀴가 [　　　　] .

짧은 글로
만나기

민아가 창고에서 자전거를 꺼냈어요. 그런데 자전거가 잘 굴러가지 않았어요. 아빠께 자전거가 굴러가지 않는다고 말씀드렸더니, 아빠께서 자전거를 이리저리 살펴보셨어요.

"자전거 바퀴에서 공기가 **빠진** 모양이구나. 그래서 바퀴가 **찌그러졌네**."

3 민아는 자전거를 어디에서 꺼냈나요? ○ 하세요.

> 체육관

> 창고   화장실

4 민아의 자전거 바퀴는 왜 찌그러졌나요? 답을 쓰세요.

공기가 빠져서 | 차에 부딪혀서

> →

공기 주입기는 물체에 공기를 넣는 기구를 말해요.

아빠께서 공기 주입기를 자전거 바퀴와 연결하셨어요. 그리고 손잡이를 움직이시며 공기를 **채우자**, 찌그러졌던 자전거 바퀴가 조금씩 **부풀었어요**.

"아빠, 눈에 보이지 않는 공기가 바퀴를 부풀게 할 수 있다니, 신기해요!"

5 아빠는 무엇을 이용해서 자전거 바퀴에 공기를 채웠나요? ○ 하세요.

주사기

공기 주입기   풍선

6 공기를 채우자, 자전거 바퀴의 모양이 어떻게 변했나요? 답을 쓰세요.

부풀었어요. | 찌그러졌어요.

→

생활문

**긴 글로
만나기**

자전거를 고쳐요

민아는 동생 민준이와 함께 자전거를 타려고, 창고에서 자전거를 꺼냈어요. 그런데 민아의 자전거가 잘 굴러가지 않았어요. 아빠께 자전거가 굴러가지 않는다고 말씀드렸더니, 아빠께서 자전거를 이리저리 살펴보셨어요.

"자전거 바퀴에서 공기가 빠진 모양이구나. 그래서 바퀴가 찌그러졌네."

아빠께서 공기 주입기를 자전거 바퀴와 연결하셨어요. 그리고 손잡이를 움직이시며 공기를 채우자, 찌그러졌던 자전거 바퀴가 조금씩 부풀었어요.

"아빠, 눈에 보이지 않는 공기가 바퀴를 부풀게 할 수 있다니, 신기해요!"

"맞아. 공기는 보이지 않고, 만질 수도 없지. 하지만 공기는 공간을 차지하는 성질이 있어. 납작한 튜브에 공기를 넣으면 부풀지? 그것처럼 찌그러진 바퀴에 공기를 넣으면, 공기가 바퀴 안을 채우면서 바퀴가 부푸는 거란다."

공기를 다 채웠더니, 민아의 자전거 바퀴가 다시 동그랗게 변했어요. 아빠는 민준이의 찌그러진 축구공에도 공기를 채워 주셨어요. 민준이가 기뻐했어요.

민아는 아빠가 고쳐 주신 자전거를 타고, 민준이와 함께 신나게 달렸어요.

7 아빠가 공기를 채운 물건은 무엇인가요? 모두 ○ 하세요.(2개)

풍선

축구공

자전거 바퀴

8 공기의 특징을 정리했어요. <u>틀린</u> 것에 X 하세요.

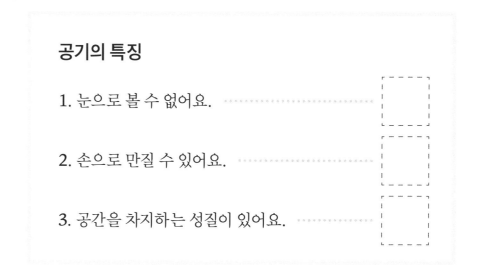

공기의 특징

1. 눈으로 볼 수 없어요. ┄┄┄┄┄┄

2. 손으로 만질 수 있어요. ┄┄┄┄┄

3. 공간을 차지하는 성질이 있어요. ┄┄┄┄

9 자전거 바퀴에 공기를 채웠더니, 바퀴의 모양이 어떻게 변했나요? 빈칸에 알맞은 말을 글에서 찾아 쓰세요.

찌그러졌던 자전거 바퀴가 다시 ⬜⬜⬜⬜ 변했어요.

10 민아와 민준이가 아빠께 드릴 편지를 썼어요. 빈칸에 알맞은 말을 글에서 찾아 쓰세요.

아빠, 자전거 ⬜⬜ 와 축구공에 ⬜⬜ 를 채워 주셔서 감사합니다.

과목 융합

과학 3-2
5단원
소리의 성질
도덕 3
5단원
함께 지키는
행복한 세상

14 소음을 줄여요

안내문

정답과 해설 150쪽

낱말로
만나기

1 바른 문장이 되도록 선으로 연결하세요.

 **소음**은 •

• 시끄러운 소리예요.

 **확성기**는 •

• 주의를 주려고 소리를 내는 장치예요.

 방음벽은 •

• 소리를 멀리 들리게 하는 기구예요.

 경적은 •

• 소리가 새는 것을 막는 벽이에요.

2 [보기]처럼 바른 문장이 되도록 알맞은 말을 골라 빈칸에 쓰세요.

소음 | 방음벽

[보기] 소음 은 불쾌하고 시끄러운 소리예요.

확성기 | 시계

는 소리를 크게 하여 멀리까지 들리게 하는 기구예요.

경적 | 방음벽

은 소리가 새는 것을 막기 위해 설치한 벽이에요.

소음 | 경적

경계는 사고, 위험이 생기지 않도록 조심하는 것을 말해요.

은 주의나 경계를 하도록 소리를 내는 장치예요.

짧은 글로
만나기

아파트 밖에서 도로 공사가 진행 중입니다. 이로 인해 불쾌하고 시끄러운 **소음**이 발생하고 있습니다. 소음을 줄이기 위해 관리 사무소에서는 다음과 같은 노력을 하고 있습니다.

첫째, 공사장에서 **확성기**를 사용할 때, 소리를 줄여 달라고 요청했습니다.

관리 사무소는 어떤 일이나 시설을 관리하는 일을 맡아보는 곳을 말해요.

3 무엇 때문에 소음이 발생하고 있나요? ○ 하세요.

교통사고

환경 오염 ┆ 도로 공사

4 공사장에서 무엇을 사용할 때, 소리를 줄여 달라고 요청했나요? 답을 쓰세요.

초인종 │ 확성기

→

둘째, 소음이 새어 들어오는 것을 막기 위해 **방음벽**을 설치했습니다. 공사 소음, 도로의 자동차 소음까지 줄일 수 있을 것입니다.

주민 여러분도 소음을 줄이기 위해 함께 노력해 주시길 바랍니다.

아파트 단지 안에서 위험한 상황이 아니라면, 자동차의 **경적**을 울리지 맙시다.

5 방음벽을 설치해서, 어떤 소음을 줄일 수 있을 것이라고 했나요? 모두 ○ 하세요.(2개)

공사 소음

자동차 소음 | 청소기 소음

6 주민들에게 어디에서 자동차의 경적을 울리지 말라고 했나요? 답을 쓰세요.

아파트 단지 안 | 아파트 근처 도로

→

**긴 글로
만나기**

소음을 줄여요

대한 아파트 주민 여러분, 안녕하세요. 아파트 밖에서 도로 공사가 진행 중입니다. 이로 인해 불쾌하고 시끄러운 소음이 발생하고 있습니다. 소음을 줄이기 위해 관리 사무소에서는 다음과 같은 노력을 하고 있습니다.

첫째, 공사장에서 확성기를 사용할 때, 소리를 줄여 달라고 요청했습니다.

둘째, 소음이 새어 들어오는 것을 막기 위해 방음벽을 설치했습니다. 공사 소음, 확성기 소음, 도로의 자동차 소음까지 줄일 수 있을 것입니다.

최근 들어 아파트 단지 안, 건물 안에서도 소음이 발생하고 있습니다. 주민 여러분도 소음을 줄이기 위해 함께 노력해 주시길 바랍니다.

첫째, 단지 안에서 위험한 상황이 아니라면, 자동차의 경적을 울리지 맙시다.

둘째, 늦은 시간에는 집에서 악기 연주를 하지 맙시다.

아파트는 여러 가족이 사는 공동 주택입니다. 서로 배려하는 태도를 가진 대한 아파트 주민이 됩시다.

7 이 글은 무엇에 대한 안내문인가요? ○하세요.

분리수거하기

소음 줄이기

에너지 아끼기

8 이 글의 내용으로 맞으면○, 틀리면 X 하세요.

방음벽을 설치하면 소음을 줄일 수 있어요.	
아파트 단지 안에서는 항상 경적을 울려야 해요.	
악기 연주는 집에서 아무 때나 해도 돼요.	

9 아파트는 어떤 곳인가요? 빈칸에 알맞은 말을 글에서 찾아 쓰세요.

아파트는 여러 가족이 사는 ⬚⬚ ⬚⬚ 이에요.

10 관리 사무소에서 어떤 태도를 가진 주민이 되자고 했나요? 빈칸에 알맞은 말을 글에서 찾아 쓰세요.

교과 융합

서로 ⬚⬚ 하는 태도를 가진 주민이 되자고 했어요.

공부한 날

월

일

★ **사막에 사는 동물들** 정보를 정리해요. ● 빈칸에 알맞은 말을 [보기]에서 골라 쓰세요.

[보기]	낙타	사막	사막여우	전갈

<u>사막</u> **에 사는 동물들**

온몸이 딱딱한 껍데기로 되어 있어서, 몸에 있는 물이 잘 빠져나가지 않아요.

큰 귀를 통해서 몸의 열을 밖으로 내보내고, 체온을 조절해요.

등에 있는 큰 혹에 지방이 있어서, 이 지방을 통해 영양분을 얻을 수 있어요.

★ **툭툭이의 여행** 내용을 정리해요.

● 빈칸에 알맞은 말을 [보기]에서 골라 쓰세요.

[보기]	강폭	경사	상류	하류

강 [　　　　] 는 강이 시작되는 곳에서 가까운 부분이에요.

강을 가로질러 잰 길이인 [강폭] 이 좁아요.

바닥이 기울어진 상태인 [　　　　] 가 급해요.

강 [　　　　] 는 강의 아랫부분이에요.

강폭이 넓고, 경사가 급하지 않아요.

★ **자전거를 고쳐요** 비교해서 정리해요.

● 빈칸에 알맞은 말을 [보기]에서 골라 쓰세요.

[보기]	부풀어요	빠져요	찌그러져요	채워요

▶ 공기에 따라 자전거 바퀴의 모양이 어떻게 바뀔까요?

바퀴에서 공기가

[   ] .

→

자전거 바퀴가

[찌그러져요] .

바퀴 안에 공기를

[   ] .

→

자전거 바퀴가

[   ] .

★ 소음을 줄여요　소음을 줄이는 방법을 알아요.　　　● 빈칸에 알맞은 말을 [보기]에서 골라 쓰세요.

| [보기] | 경적 | 방음벽 | 소음 | 확성기 |

（　　　　）을 줄이는 방법

❶ 확성기 를 사용할 때, 소리를 줄여서 사용해요.

❷ （　　　　）을 설치해서 소음이 새어 들어오는 것을 막아요.

❸ 자동차의 （　　　　）을 울리지 않아요.

층간 소음 줄이는 방법

'층간 소음'은 공동 주택에서 아랫집에 들리는 윗집의 생활 소음을 말합니다. 층간 소음은 여러 상황에서 발생할 수 있습니다. 집에서 걷거나 뛰어다닐 때, 발소리 때문에 층간 소음이 발생하기도 합니다. 그리고 가구를 옮길 때, 가구가 바닥과 부딪히면서 층간 소음이 발생하기도 합니다.

다음과 같은 방법을 통해 층간 소음을 줄일 수 있습니다. 첫째, 바닥에 소음 방지 매트를 깔면 발소리 때문에 생기는 층간 소음을 줄일 수 있습니다. 둘째, 의자 다리처럼 바닥에 닿는 부분에 푹신한 물질을 끼우면 바닥과 부딪히면서 생기는 층간 소음을 줄일 수 있습니다.

공동 주택에 사는 모두가 함께 노력한다면, 층간 소음 문제도 해결할 수 있습니다.

예체능

16 | 동물들의 축제

연극 대본

공부한 날

 월 일

정답과 해설 152쪽

낱말로
만나기

1 바른 문장이 되도록 선으로 연결하세요.

사자가

닭이

당나귀가

백조가

'**경쾌하다**'는 움직임이나 기분이 가볍고 상쾌한 것이에요.

경쾌하게
춤춰요.

늠름하게
걸어요.

재빠르게
뛰어요.

우아하게
헤엄쳐요.

'**늠름하다**'는 생김새나 태도가 의젓하고 당당한 것이에요.

2 [보기]처럼 바른 문장이 되도록 알맞은 말을 골라 빈칸에 쓰세요.

늠름하게 | 하얗게

[보기]   사자가 갈기를 휘날리면서 [늠름하게] 걸어요.

경쾌하게 | 새파랗게

닭이 두 다리를 움직이면서 [   ] 춤춰요.

달콤하게 | 재빠르게

당나귀가 [   ] 뛰어요.

새콤하게 | 우아하게

백조가 호수에서 [   ] 헤엄쳐요.

**짧은 글로
만나기**

동물들이 신난 목소리로 이야기하며 등장한다.

사자 : (갈기를 휘날리면서 **늠름하게** 걸어 나오며) 나는 동물의 왕, 사

자다. 동물들이여, 우리 함께 축제를 즐겨 보자.

닭 : (두 다리를 움직이면서 **경쾌하게** 춤을 추며) 나는 춤의 왕, 닭이

야. 이렇게 볏을 하늘 높이 세우면 어떤 동물보다 크고 멋있지.

볏은 닭의 머리 위에 붙어 있는 톱니 모양의 붉은 조각을 말해요.

3 늠름하게 걸어 나온 사자는 자신이 무엇이라고 했나요? ○ 하세요.

동물의 왕

춤의 왕

수영의 왕

4 닭은 무엇을 움직이면서 경쾌하게 춤을 추었나요? 답을 쓰세요.

갈기 | 다리

→

동물들이 신난 목소리로 이야기하며 등장한다.

당나귀 : (네 다리로 **재빠르게** 뛰어다니며) 나는 닭보다 더 신나게 출

수 있지. 자, 나처럼 뛰어 봐.

백조 : (호수에서 **우아하게** 헤엄치며) 동물들이 모두 모였네. 나도 함

께 춤을 출 테야.

5 당나귀는 어떻게 뛰어다녔나요? ○ 하세요.

우아하게

재빠르게 | 늠름하게

6 백조는 어디에서 우아하게 헤엄쳤나요? 답을 쓰세요.

수영장 | 호수

→

연극 대본

**긴 글로
만나기**

동물들의 축제

무대 위에 숲이 보인다. 한쪽에는 호수도 있다. 숲은 축제 분위기를 내는 화려한 장식들로 꾸며져 있다. 동물들이 신난 목소리로 이야기하며 등장한다.

사자 : (갈기를 휘날리면서 늠름하게 걸어 나오며) 어흥! 나는 동물의 왕, 사자다. 이 숲을 지키는 왕이지. 동물들이여, 우리 함께 축제를 즐겨 보자.

닭 : (두 다리를 움직이면서 경쾌하게 춤을 추며) 나는 춤의 왕, 닭이야. 내 춤을 한번 보여 줄게. 내 몸은 작고 가볍지만, 이렇게 볏을 하늘 높이 세우면 어떤 동물보다 크고 멋있지. (날개도 파닥파닥 움직이며) 모두 나를 따라 해 봐. 정말 신난다고!

당나귀 : (네 다리로 재빠르게 뛰어다니며) 닭이 춤추는 모습을 보니 정말 신나는걸! 하지만 나는 닭보다 더 신나게 출 수 있지. 자, 나처럼 뛰어 봐.

백조 : (호수에서 우아하게 헤엄치며) 동물들이 모두 모였네. 나도 함께 춤을 출 테야. (날개를 활짝 펴고, 천천히 펄럭이며) 어때? 내 춤 정말 멋있지?

신나는 음악에 맞추어 사자, 닭, 당나귀, 백조가 함께 춤을 춘다.

7 이 글은 무엇을 하기 위한 글인가요? ○ 하세요.

토론

합창

연극

8 피아노로 당나귀의 모습을 표현하려고 해요. 연주 방법으로 알맞은 것에 ○ 하세요.

신나는 느낌으로 빠르게

쓸쓸한 느낌으로 느리게

9 이 연극의 배경 중, 숲은 어떻게 꾸며져 있었나요? 빈칸에 알맞은 말을 글에서 찾아 쓰세요.

숲은 ⬚⬚ 분위기를 내는 ⬚⬚⬚ 장식들로 꾸며져 있었어요.

10 이 연극의 마지막 장면은 어떠했나요? 빈칸에 알맞은 말을 글에서 찾아 쓰세요.

음악에 맞춰 사자, 닭, ⬚⬚⬚⬚, ⬚⬚ 가 함께 춤을 추었어요.

교과 융합

미술 3
버려진 것들의 변신

도덕 3
4단원
아껴 쓰는 우리

17 쌩쌩이의 변신

동화

정답과 해설 154쪽

낱말로
만나기

1 바른 문장이 되도록 선으로 연결하세요.

고물상에   **폐품**이   **재사용**을   **자연환경**을

낡은 물건을
팔아요.   해요.   쌓여 있어요.   보호해요.

2 [보기]처럼 바른 문장이 되도록 알맞은 말을 골라 빈칸에 쓰세요.

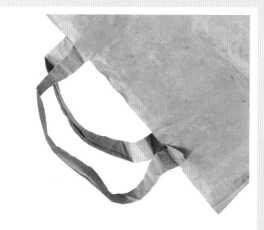

고물상 | 첨성대

[보기] ┌─────────┐ 에 오래되고 낡은 물건을 팔아요.
      │ 고물상   │
      └─────────┘

폐품 | 자연환경

못 쓰게 되어 버린 ┌─────────┐ 이 쌓여 있어요.
              └─────────┘

폐품 | 재사용

쓰고 버린 물건들을 고쳐서 ┌─────────┐ 을 해요.
                    └─────────┘

일회용품 | 자연환경

우리를 둘러싼 ┌─────────┐ 을 보호해요.
          └─────────┘

짧은 글로
만나기

쌩쌩이는 자전거예요. 쌩쌩이가 망가지자, 주인은 **고물상**에 쌩쌩이를 팔아 버렸어요. 고물상에는 찌그러진 냄비, 팔과 다리가 뜯어진 곰 인형 등 오래되고 낡은 물건이 가득했어요. 고물상에는 이처럼 못 쓰게 되어 버린 **폐품**이 잔뜩 쌓여 있었지요. 고물상 아저씨는 쌩쌩이를 폐품 근처에 두었어요.

3 고물상에는 어떤 물건이 있었나요? 모두 ○ 하세요.(2개)

> 뜯어진 곰 인형

> 찌그러진 냄비　　　　새 크레파스

4 고물상 아저씨는 쌩쌩이를 어디에 두었나요? 답을 쓰세요.

고물상 앞　　|　　폐품 근처

> →

어느 날, 고물상 아저씨가 고물상에 있는 물건 중에 다시 쓸 수 있는 물건들을 모으기 시작했어요. 그리고 쌩쌩이의 부서진 바구니를 떼고, 고물상에 있던 꽃이 든 바구니로 바꿔 주었어요. 사람들이 쓰고 버린 물건들을 **재사용**을 해서 쌩쌩이를 고쳐 준 것이었어요.

"버려지는 물건도 다시 쓰면, **자연환경**을 보호할 수 있지."

5 고물상 아저씨는 무엇을 재사용을 해서 쌩쌩이를 고쳐 주었나요? ○ 하세요.

새 물건

쓰고 버린 물건

6 고물상 아저씨가 버려지는 물건을 다시 쓰면, 무엇을 보호할 수 있다고 했나요? 답을 쓰세요.

교통안전 | 자연환경

→

동화

쌩쌩이의 변신

쌩쌩이는 자전거예요. 쌩쌩이가 망가지자, 주인은 고물상에 쌩쌩이를 팔아 버렸어요. 고물상에는 찌그러진 냄비, 팔과 다리가 뜯어진 곰 인형 등 오래되고 낡은 물건이 가득했어요. 고물상에는 이처럼 못 쓰게 되어 버린 폐품이 잔뜩 쌓여 있었지요. 고물상 아저씨는 쌩쌩이를 폐품 근처에 두었어요.

어느 날, 고물상 아저씨가 고물상에 있는 물건 중에 다시 쓸 수 있는 물건들을 모으기 시작했어요. 그다음, 쌩쌩이의 몸에서 망가진 부분을 떼어 냈어요. 부서진 바구니를 떼고, 고물상에 있던 꽃이 든 바구니로 바꿔 주었어요. 구멍 난 검은색 앞바퀴는 파란색 바퀴로 바꿔 주었어요. 종도 달아 주었지요. 사람들이 쓰고 버린 물건들을 재사용을 해서 쌩쌩이를 고쳐 준 것이었어요. 아저씨가 바꿔 준 물건들은 쌩쌩이에게 잘 맞았어요.

"버려지는 물건도 다시 쓰면, 우리를 둘러싼 자연환경을 보호할 수 있지."

아저씨는 쌩쌩이를 동네 알뜰 장터에 데려가서, 자전거가 필요한 친구에게 주었어요. 쌩쌩이는 새로운 주인과 함께 다시 달릴 수 있어서 행복했어요.

7 이 글의 주인공인 쌩쌩이는 무엇인가요? ○ 하세요.

곰 인형

냄비

자전거

8 새롭게 바뀐 쌩쌩이의 모습으로 알맞은 것은 무엇인가요? ○ 하세요.

9 고물상 아저씨가 말한 내용이에요. 빈칸에 알맞은 말을 글에서 찾아 쓰세요.

교과융합 "버려지는 물건도 다시 쓰면, 우리를 둘러싼 자연환경을 　　　　할 수 있지."

10 고물상 아저씨는 새롭게 바뀐 쌩쌩이를 어떻게 하였나요? 빈칸에 알맞은 말을 글에서 찾아 쓰세요.

쌩쌩이를 동네 　　　　　　에 데려가서, 새로운 주인을 찾아 주었어요.

18 | **김홍도 전시회**
홍보문

공부한 날
월 일

정답과 해설 156쪽

낱말로
만나기

1 바른 문장이 되도록 선으로 연결하세요.

김홍도 는 •

• 씨름 경기 모습을
그린 그림이에요.

풍속화 는 •

• 사람들의 생활 모습을
그린 그림이에요.

씨름도 는 •

• 서당의 모습을
그린 그림이에요.

서당도 는 •

• 조선 시대의 화가예요.

2 [보기]처럼 바른 문장이 되도록 알맞은 말을 골라 빈칸에 쓰세요.

프리다 칼로 ｜ 김홍도

[보기] ┌─────────────┐
　　　│　김홍도　　│ 는 조선 시대의 화가예요.
　　　└─────────────┘

풍속화 ｜ 초상화

┌─────────────┐
│　　　　　　│ 는 사람들의 생활 모습을 그린 그림이에요.
└─────────────┘

서당도 ｜ 씨름도

┌─────────────┐
│　　　　　　│ 는 씨름 경기가 벌어진 모습을 그린 그림이에요.
└─────────────┘

서당도 ｜ 씨름도

서당은 옛날에 글을 배우던 곳을 말해요.

┌─────────────┐
│　　　　　　│ 는 서당에서 공부하는 모습을 그린 그림이에요.
└─────────────┘

짧은 글로
만나기

[김홍도 전시회]

　대한 미술관에서 조선 시대의 화가, **김홍도**의 전시회를 엽니다. 이
번 전시회의 주제는 김홍도의 **풍속화**입니다. 김홍도의 풍속화에는 조
선 시대의 평범한 사람들이 생활하는 모습이 생생하게 담겨 있습니
다.

'생생하다'는 눈앞에서 보는 것처럼 또렷한 것이에요.

3 김홍도는 어느 시대의 화가인가요? ○ 하세요.

삼국 시대

고려 시대

조선 시대

4 김홍도의 풍속화에는 무엇이 담겨 있나요? 답을 쓰
세요.

사람들의 생활 모습 　|　 자연의 풍경

→

[김홍도 전시회]

장터는 물건을 사고파는 시장이 열리는 곳을 말해요.

　<씨름도>는 장터에서 씨름 경기가 벌어진 모습을 그린 그림입니다. 씨름하는 사람들뿐만 아니라 구경하는 사람들의 표정까지 매우 생생하게 표현했습니다.

　<서당도>는 서당에 모여 공부하는 모습을 그린 그림입니다.

5 <씨름도>는 어디에서 씨름 경기가 벌어진 모습을 그린 그림인가요? ○ 하세요.

호수

장터　　　서당

6 김홍도의 작품 중, 서당에 모여 공부하는 모습을 그린 그림은 무엇인가요? 답을 쓰세요.

서당도　｜　씨름도

→

긴 글로
만나기

김홍도 전시회

대한 미술관에서 조선 시대의 화가, 김홍도의 전시회를 엽니다. 이번 전시회의 주제는 김홍도의 풍속화입니다. 김홍도의 풍속화에는 조선 시대의 평범한 사람들이 생활하는 모습이 생생하게 담겨 있습니다. 많이 알려진 〈씨름도〉, 〈서당도〉 외에도 여러 풍속화를 전시할 예정이니 많은 관심 바랍니다.

전시 날짜　20○○년 ○월 ○일

주요 전시 작품

〈씨름도〉는 장터에서 씨름 경기가 벌어진 모습을 그린 그림입니다. 씨름하는 사람들뿐만 아니라 구경하는 사람들의 표정까지 매우 생생하게 표현했습니다.

〈서당도〉는 서당에 모여 공부하는 모습을 그린 그림입니다. 울고 있는 아이, 그 아이를 보며 웃음을 참는 다른 아이들의 표정까지 생생하게 표현했습니다.

7 이 글은 무엇을 홍보하기 위해 쓴 글인가요? ○하세요.

씨름 경기

전시회

미술 학원

8 친구들이 이 글을 읽고 나눈 대화예요. 잘못 이야기한 사람의 말에 X 하세요.

〈서당도〉에 울고 있는 아이뿐만 아니라 다른 아이들의 표정까지 생생하게 표현되어 있어.

민경

우현

〈씨름도〉에는 궁궐에서 왕이 신하들과 씨름을 하는 모습이 표현되어 있어.

9 한 어린이가 전시회를 관람한 후에 느낀 점을 썼어요. 빈칸에 알맞은 말을 글에서 찾아 쓰세요.

조선 시대의 화가 ⬚⬚⬚의 전시회에 다녀왔다.

미술 시간에 배웠던 〈씨름도〉, 〈서당도〉 외에도 여러 ⬚⬚⬚를

보았는데, 이를 통해 당시 사람들의 생활 모습을 볼 수 있어서 좋았다.

19 | 비만을 예방해요

기사문

정답과 해설 158쪽

낱말로
만나기

1 바른 문장이 되도록 선으로 연결하세요.

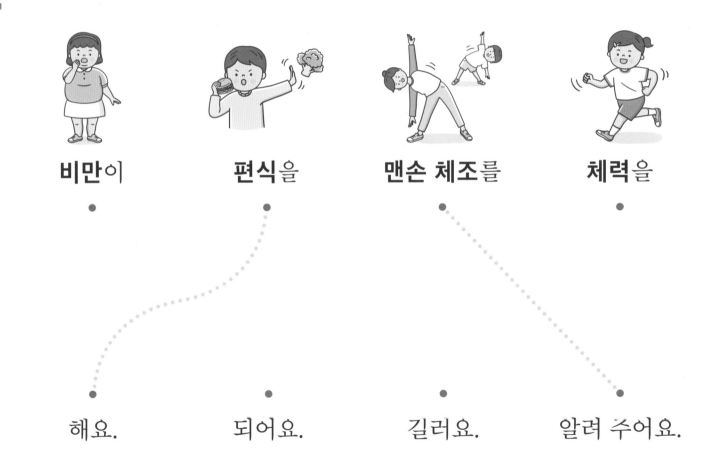

비만이   편식을   맨손 체조를   체력을

해요.   되어요.   길러요.   알려 주어요.

2 [보기]처럼 바른 문장이 되도록 알맞은 말을 골라 빈칸에 쓰세요.

편식 | 비만

[보기] 살이 쪄서 몸이 뚱뚱한 [비만] 이 되어요.

체력 | 편식

좋아하는 음식만 골라 먹으며 [　　　] 을 해요.

맨손 체조 | 풍속화

도구나 기구 없이 할 수 있는 [　　　] 를 알려 주어요.

체력 | 소음

운동을 통해 몸의 힘인 [　　　] 을 길러요.

짧은 글로
만나기

건강 검진은 몸의 건강 상태를 검사하는 것을 말해요.

지난달에 실시한 건강 검진 결과, **비만**이 된 학생이 늘었다. 비만이 되면 질병에 걸리기 쉽고, 몸이 균형 있게 자라기 힘들다. 그래서 대한 초등학교 학생과 선생님이 '비만 예방하기' 캠페인을 벌였다.

캠페인에 참여한 학생들은 '**편식**을 하지 않아요' 등 비만을 예방할 수 있는 방법이 적힌 팻말을 들고 있었다.

팻말은 어떤 것을 알리기 위해 글을 써 놓은 조각을 말해요.

3 대한 초등학교 학생과 선생님이 무엇을 예방하기 위한 캠페인을 벌였나요? ○ 하세요.

> 교통사고

> 비만   학교 폭력

4 캠페인에 참여한 학생들은 무엇을 들고 있었나요? 답을 쓰세요.

팻말 | 운동 기구

> →

캠페인은 일정한 목적을 위해 펼치는 운동을 말해요.

캠페인에 참여한 선생님들은 기구 없이 쉽게 할 수 있는 **맨손 체조** 를 알려 주었다. 줄넘기, 훌라후프 같은 기구를 이용하는 것도 좋지만, 맨손 체조와 같은 운동을 통해서도 몸의 힘인 **체력**을 기를 수 있기 때문이다. 캠페인에 참여한 선생님은 앞으로 학생들이 건강한 습관을 길러 나갔으면 좋겠다고 밝혔다.

5 캠페인에 참여한 선생님들은 무엇을 알려 주었나요? ○ 하세요.

훌라후프

줄넘기   맨손 체조

6 맨손 체조와 같은 운동을 통해서 무엇을 기를 수 있나요? 답을 쓰세요.

비만 | 체력

→

기사문

비만을 예방해요

　지난달 7일에 대한 초등학교 학생들을 대상으로 실시한 건강 검진 결과, 살이 쪄서 비만이 된 학생이 작년에 비해 늘었다. 비만이 되면 질병에 걸리기 쉽고, 몸이 균형 있게 자라기 힘들다. 그래서 20○○년 11월 5일, 대한 초등학교 학생과 선생님이 '비만 예방하기' 캠페인을 벌였다. 이번 캠페인의 목적은 비만의 문제점과 비만을 예방하는 방법에 대해 알리는 것이었다.

　캠페인에 참여한 학생들은 '탄산음료 대신 물을 마셔요', '기름기가 많은 음식보다는 채소를 먹어요', '좋아하는 음식만 골라 먹으며 편식을 하지 않아요', '골고루 먹어요', '규칙적으로 운동해요' 등 비만을 예방할 수 있는 방법이 적힌 팻말을 들고 있었다. 선생님들은 기구 없이 쉽게 할 수 있는 맨손 체조를 알려주었다. 줄넘기, 훌라후프 같은 기구를 이용하는 것도 좋지만, 맨손 체조와 같은 운동을 통해서도 몸의 힘인 체력을 기를 수 있기 때문이다. 캠페인에 참여한 선생님은 앞으로 학생들이 건강한 습관을 길러 나갔으면 좋겠다고 밝혔다.

7 이 글은 무엇에 대한 기사문인가요? ○ 하세요.

┌─────────────────────┐
│   비만 예방 캠페인   │
└─────────────────────┘

┌─────────────────────┐
│ 대한 초등학교 운동회 │
└─────────────────────┘

┌─────────────────────┐
│ 기구를 이용한 운동 방법 │
└─────────────────────┘

8 비만을 예방할 수 있는 방법으로 맞으면 ○, 틀리면 X 하세요.

┌──────────────────────────┐ ┌──────┐
│ 기름기 많은 음식을 즐겨 먹는다.│ │   │
└──────────────────────────┘ └──────┘

┌──────────────────────────┐ ┌──────┐
│   규칙적으로 운동한다.   │ │   │
└──────────────────────────┘ └──────┘

┌──────────────────────────┐ ┌──────┐
│ 물 대신 탄산음료를 마신다. │ │   │
└──────────────────────────┘ └──────┘

9 대한 초등학교에서 무엇이 벌어졌나요? 빈칸에 알맞은 말을 글에서 찾아 쓰세요.

대한 초등학교에서 학생과 선생님이 함께 [　][　][　]을 벌였어요.

10 한 어린이가 이 기사문을 보고, 느낀 것을 말해요. 빈칸에 알맞은 말을 글에서 찾아 쓰세요.

"좋아하는 음식만 먹으며 [　][　]을 하지 말고, 골고루 먹어야겠다."

공부한 날

월

일

정답과 해설 163쪽

★ 동물들의 축제 꾸며 주는 표현을 알아요. ● 빈칸에 알맞은 말을 [보기]에서 골라 쓰세요.

[보기]	경쾌하게	늠름하게	우아하게	재빠르게

사자가   갈기를 휘날리며 [늠름하게] 걸어요.

닭이   다리를 움직이면서 [   ] 춤을 추어요.

당나귀가   [재빠르게] 뛰어다녀요.

백조가   호수에서 [   ] 헤엄을 쳐요.

★ **쌩쌩이의 변신** 이야기의 흐름을 살펴요.   ● 빈칸에 알맞은 말을 [보기]에서 골라 쓰세요.

[보기]	고물상	자연환경	재사용	폐품

주인이 망가진 쌩쌩이를 [　　　　　]에 팔아 버렸어요.

고물상에는 못 쓰게 되어 버린 [　　　　　]이 쌓여 있었어요.

고물상 아저씨는 물건들을 [재사용]을 해서 쌩쌩이를 고쳤어요.

버려지는 물건도 다시 쓰면서 [　　　　　]을 보호한 것이지요.

쌩쌩이는 새로운 주인과 함께 달릴 수 있게 되었어요.

★ 김홍도 전시회 인물 카드를 만들어요.

● 빈칸에 알맞은 말을 [보기]에서 골라 쓰세요.

[보기]	김홍도	서당도	씨름도	풍속화

- **이름**

- **특징**   조선 시대의 화가. 조선 시대의 평범한 사람들이 생활 하는 모습이 담긴  를 많이 남김.

- **대표 작품**

⟨   ⟩

씨름 경기가 벌어진
모습을 그린 그림

⟨   ⟩

서당에서 공부하는
모습을 그린 그림

★ 비만을 예방해요 글을 요약해요.

● 빈칸에 알맞은 말을 [보기]에서 골라 쓰세요.

| [보기] | 비만 | 체력 | 맨손 체조 | 편식 |

비만 을 예방하는 방법

❶ [   ] 을 하지 않고, 음식을 골고루 먹어요.

❷ 도구나 기구 없이 쉽게 할 수 있는 [   ] 를 해요.

❸ 줄넘기 같은 운동이나 체조를 통해 [   ] 을 길러요.

아나바다 운동

'아나바다'는 '**아**껴 쓰고, **나**눠 쓰고, **바**꿔 쓰고, **다**시 쓰자'의 앞 글자만 따서 줄여 부르는 말이에요. 물건을 함부로 쓰거나 낭비하지 않고, 아껴 쓰고 재활용하자는 운동이지요.

알뜰 장터 혹은 나눔 장터에 가서 아나바다 운동을 실천할 수 있어요. 나에게 필요 없는 물건을 다른 사람에게 싸게 팔고, 다른 사람에게 필요 없는 물건을 나도 싸게 살 수 있지요. 이를 통해 낭비되는 물건을 줄이고, 쓰레기도 줄일 수 있어요.

아껴 쓰고

나눠 쓰고

바꿔 쓰고

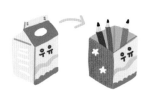
다시 써요

정답과 해설

참고

본책 [낱말로 만나기]의 1, 2번 문항에 나오는 문장들은 [긴 글로 만나기]의 지문에서 발췌한 것입니다.

이 문장들은 사전적 정의 및 예문을 참고하였습니다. 이는 어휘가 문장 안에서 어떻게 쓰이는지, 어휘의 쓰임을 정확하게 알려 주기 위해서입니다.

따라서 문학적으로 허용한다면 1, 2번 문항의 문장은 다양하게 만들어질 수 있습니다. 이 점 고려하여 아이들을 지도해 주시기 바랍니다.

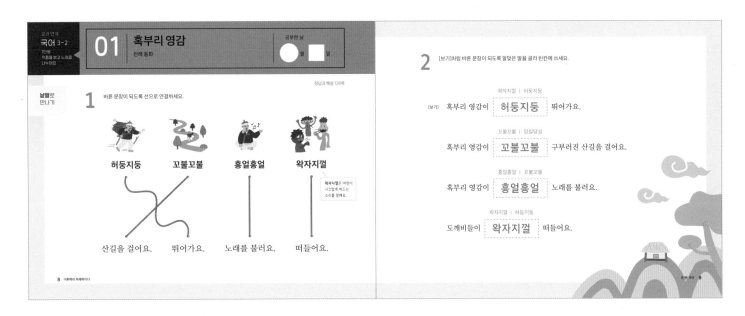

〈전래 동화〉

전래 동화는 옛날부터 전해 내려오는 이야기를 말해요. 사람들의 입에서 입으로 전해지다가 글로 쓰여서, 이야기마다 조금씩 다른 점이 있기도 해요.

 더 알아보기

전래 동화와 창작 동화

동화는 어린이를 위해서 있음 직한 이야기를 상상하여 지어낸 글이에요. 동화는 크게 전래 동화와 창작 동화로 나눌 수 있어요.

전래 동화 ｜ 옛날부터 전해 내려오는 이야기예요. 그래서 전래 동화는 지은이가 누구인지 알 수 없는 경우가 많아요.

창작 동화 ｜ 창작 동화는 지은이가 누구인지 확실히 알려져 있는 이야기예요. 창작 동화에는 지은이의 생각이 잘 드러나 있는 경우가 많아요.

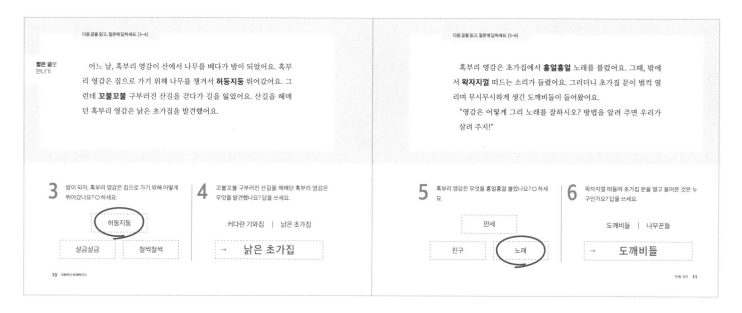

짧은 글로 만나기

어느 날, 혹부리 영감이 산에서 나무를 베다가 밤이 되었어요. 혹부리 영감은 집으로 가기 위해 나무를 챙겨서 **허둥지둥** 뛰어갔어요. 그런데 **꼬불꼬불** 구부러진 산길을 걷다가 길을 잃었어요. 산길을 헤매던 혹부리 영감은 낡은 초가집을 발견했어요.

3 밤이 되자, 혹부리 영감은 집으로 가기 위해 어떻게 뛰어갔나요? ○하세요.

(허둥지둥)

살금살금 | 철썩철썩

4 꼬불꼬불 구부러진 산길을 헤매던 혹부리 영감은 무엇을 발견했나요? 답을 쓰세요.

커다란 기와집 | 낡은 초가집

→ **낡은 초가집**

10 어휘력이 독해력이다

혹부리 영감은 초가집에서 **흥얼흥얼** 노래를 불렀어요. 그때, 밖에서 **왁자지껄** 떠드는 소리가 들렸어요. 그러더니 초가집 문이 벌컥 열리며 무시무시하게 생긴 도깨비들이 들어왔어요.

"영감은 어떻게 그리 노래를 잘하시오? 방법을 알려 주면 우리가 살려 주지!"

5 혹부리 영감은 무엇을 흥얼흥얼 불렀나요? ○하세요.

만세

친구 | (노래)

6 왁자지껄 떠들며 초가집 문을 열고 들어온 것은 누구인가요? 답을 쓰세요.

도깨비들 | 나무꾼들

→ **도깨비들**

1단원 국어 11

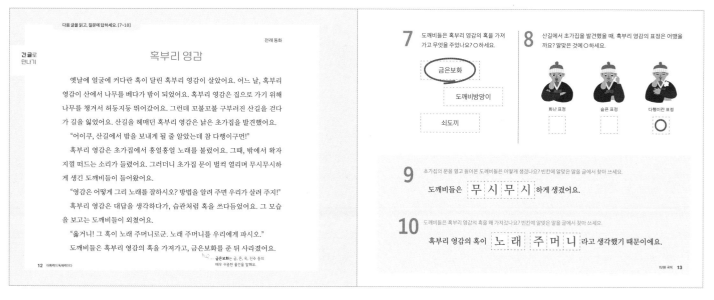

전래 동화

긴 글로 만나기

혹부리 영감

옛날에 얼굴에 커다란 혹이 달린 혹부리 영감이 살았어요. 어느 날, 혹부리 영감이 산에서 나무를 베다가 밤이 되었어요. 혹부리 영감은 집으로 가기 위해 나무를 챙겨서 허둥지둥 뛰어갔어요. 그런데 꼬불꼬불 구부러진 산길을 걷다가 길을 잃었어요. 산길을 헤매던 혹부리 영감은 낡은 초가집을 발견했어요.

"어이쿠, 산길에서 밤을 보내게 될 줄 알았는데 참 다행이구먼!"

혹부리 영감은 초가집에서 흥얼흥얼 노래를 불렀어요. 그때, 밖에서 왁자지껄 떠드는 소리가 들렸어요. 그러더니 초가집 문이 벌컥 열리며 무시무시하게 생긴 도깨비들이 들어왔어요.

"영감은 어떻게 그리 노래를 잘하시오? 방법을 알려 주면 우리가 살려 주지!"

혹부리 영감은 대답을 생각하다가, 습관처럼 혹을 쓰다듬었어요. 그 모습을 보고는 도깨비들이 외쳤어요.

"옳거니! 그 혹이 노래 주머니로군. 노래 주머니를 우리에게 파시오."

도깨비들은 혹부리 영감의 혹을 가져가고, 금은보화를 준 뒤 사라졌어요.

*금은보화: 금, 은, 옥, 진주 등의 매우 귀중한 물건을 말해요.

12 어휘력이 독해력이다

7 도깨비들은 혹부리 영감의 혹을 가져가고 무엇을 주었나요? ○하세요.

(금은보화)

도깨비방망이

쇠도끼

8 산길에서 초가집을 발견했을 때, 혹부리 영감의 표정은 어땠을까요? 알맞은 것에 ○하세요.

화난 표정 [ ] | 슬픈 표정 [ ] | 다행이란 표정 [○]

9 초가집의 문을 열고 들어온 도깨비들은 어떻게 생겼나요? 빈칸에 알맞은 말을 글에서 찾아 쓰세요.

도깨비들은 무 시 무 시 하게 생겼어요.

10 도깨비들은 혹부리 영감의 혹을 왜 가져갔나요? 빈칸에 알맞은 말을 글에서 찾아 쓰세요.

혹부리 영감의 혹이 노 래 주 머 니 라고 생각했기 때문이에요.

1단원 국어 13

정답과 해설 **129**

02. 바다가 숨긴 보물 / 14~19쪽

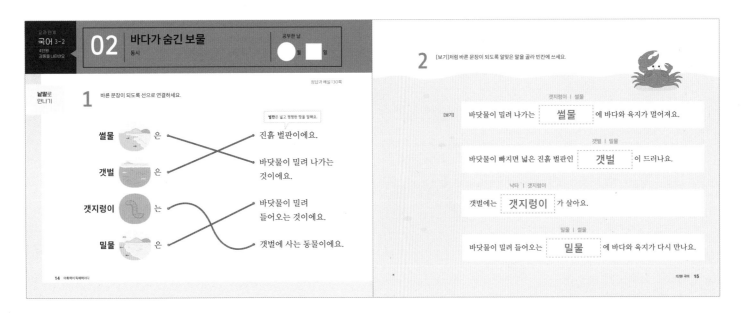

〈동시〉

동시는 어린이가 읽을 것이라고 생각하고, 어린이의 마음을 이야기한 시예요. 이 시는 갯벌에 대한 동시예요.

 더 알아보기

갯벌의 기능

- 갯벌은 계절에 따라 이동하는 철새들이 중간에 머무는 장소예요.
- 갯벌에 사는 생물들이 육지에서 나오는 오염 물질을 깨끗하게 해 주어요.
- 갯벌은 태풍이나 해일*이 발생했을 때, 육지의 피해를 줄여 주어요. 갯벌의 흙과 모래가 스펀지처럼 많은 물을 흡수해 주기 때문이지요.

*해일은 갑자기 바닷물이 크게 일어서 육지로 넘쳐 들어오는 것을 말해요.

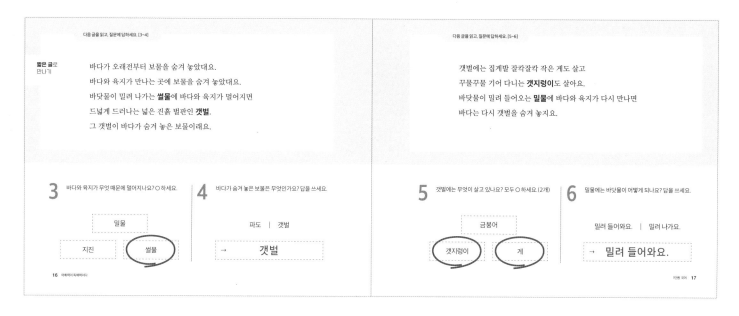

짧은 글로 만나기

바다가 오래전부터 보물을 숨겨 놓았대요.

바다와 육지가 만나는 곳에 보물을 숨겨 놓았대요.

바닷물이 밀려 나가는 **썰물**에 바다와 육지가 멀어지면

드넓게 드러나는 넓은 진흙 벌판인 **갯벌**.

그 갯벌이 바다가 숨겨 놓은 보물이래요.

3 바다와 육지가 무엇 때문에 멀어지나요? ○하세요.

밀물

지진 (썰물)

4 바다가 숨겨 놓은 보물은 무엇인가요? 답을 쓰세요.

파도 | 갯벌

→ **갯벌**

16 어휘력이 독해력이다

갯벌에는 집게발 잘칵잘칵 작은 게도 살고

꾸물꾸물 기어 다니는 **갯지렁이**도 살아요.

바닷물이 밀려 들어오는 **밀물**에 바다와 육지가 다시 만나면

바다는 다시 갯벌을 숨겨 놓지요.

5 갯벌에는 무엇이 살고 있나요? 모두 ○하세요. (2개)

금붕어

(갯지렁이) (게)

6 밀물에는 바닷물이 어떻게 되나요? 답을 쓰세요.

밀려 들어와요. | 밀려 나가요.

→ **밀려 들어와요.**

1단원 국어 17

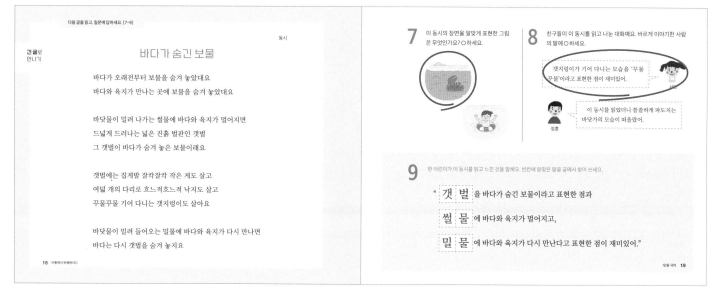

동시

긴 글로 만나기

바다가 숨긴 보물

바다가 오래전부터 보물을 숨겨 놓았대요

바다와 육지가 만나는 곳에 보물을 숨겨 놓았대요

바닷물이 밀려 나가는 썰물에 바다와 육지가 멀어지면

드넓게 드러나는 넓은 진흙 벌판인 갯벌

그 갯벌이 바다가 숨겨 놓은 보물이래요

갯벌에는 집게발 잘칵잘칵 작은 게도 살고

여덟 개의 다리로 흐느적흐느적 낙지도 살고

꾸물꾸물 기어 다니는 갯지렁이도 살아요

바닷물이 밀려 들어오는 밀물에 바다와 육지가 다시 만나면

바다는 다시 갯벌을 숨겨 놓지요

18 어휘력이 독해력이다

7 이 동시의 장면을 알맞게 표현한 그림은 무엇인가요? ○하세요.

8 친구들이 이 동시를 읽고 나눈 대화예요. 바르게 이야기한 사람의 말에 ○하세요.

(갯지렁이가 기어 다니는 모습을 '꾸물꾸물'이라고 표현한 점이 재미있어.)

이 동시를 읽었더니 쓸쓸하게 파도치는 바닷가의 모습이 떠올랐어.

정훈

9 한 어린이가 이 동시를 읽고 느낀 것을 말해요. 빈칸에 알맞은 말을 글에서 찾아 쓰세요.

" 갯 벌 을 바다가 숨긴 보물이라고 표현한 점과

썰 물 에 바다와 육지가 멀어지고,

밀 물 에 바다와 육지가 다시 만난다고 표현한 점이 재미있어."

1단원 국어 19

03. 로빈슨 크루소를 읽고 / 20~25쪽

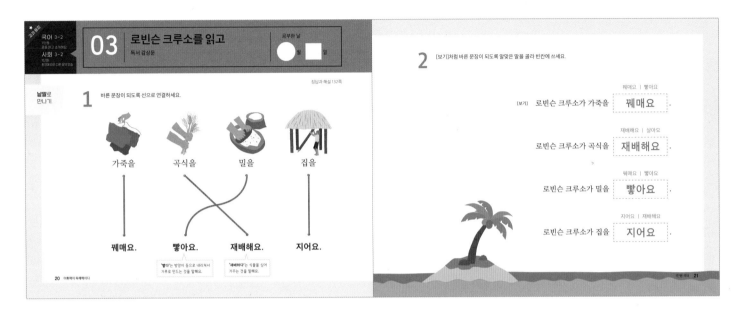

〈독서 감상문〉

독서 감상문은 책을 읽고 자신의 생각이나 느낌을 쓴 글이에요. 이 글은 〈로빈슨 크루소〉를 읽고 쓴 글이에요.

더 알아보기

독서 감상문에 들어가야 할 내용

- 책을 읽게 된 까닭을 써요. 책을 고르게 된 이유를 쓰거나, 책을 처음 보았을 때의 느낌을 써요.
- 책의 내용을 써요. 모든 내용이나 사건을 다 쓰지 않고, 가장 인상 깊었던 부분이나 기억에 남는 장면을 골라서 써도 돼요.
- 책을 읽은 뒤에 든 생각이나 느낌을 써요.

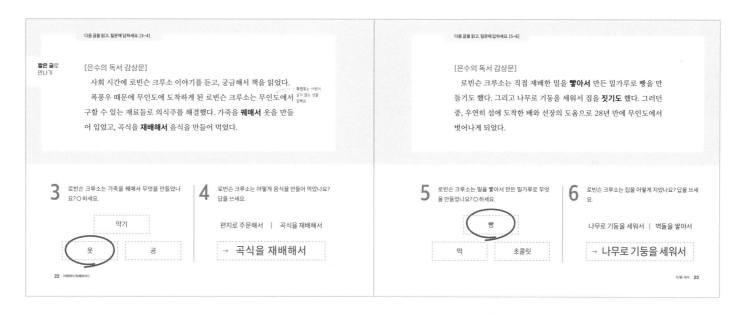

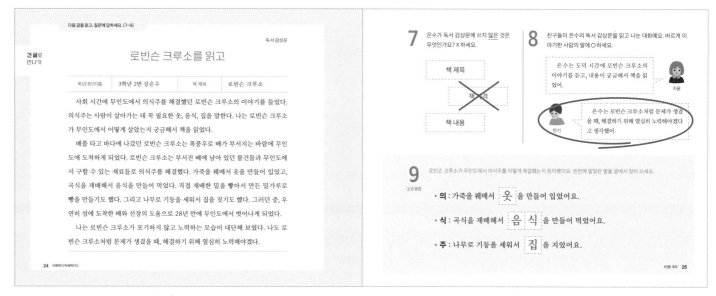

04. 어린이 직업 체험관 / 26~31쪽

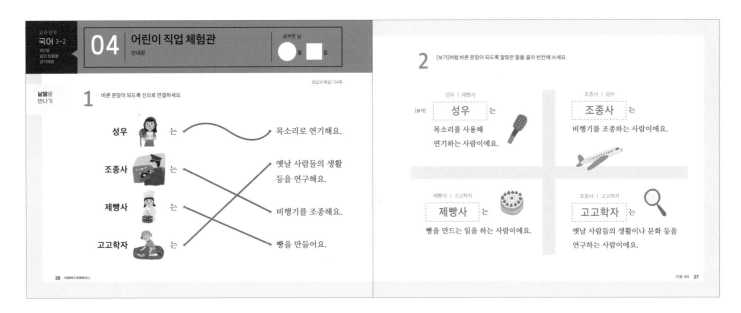

 〈안내문〉

안내문은 어떤 내용을 다른 사람에게 알려 주기 위해 쓴 글이에요. 이 글은 어린이 직업 체험관에 대해 알려 주는 글이에요.

 더 알아보기

직업에 대한 정보를 탐색하는 방법

- 책을 통해 직업에 관한 깊이 있는 정보를 얻을 수 있어요.
- 방송, 신문, 인터넷 홈페이지 등을 통해 다양한 직업 정보를 얻을 수 있어요.
- 해당 직업을 가지고 있는 사람을 만나 인터뷰를 하면, 생생한 정보를 얻을 수 있어요.

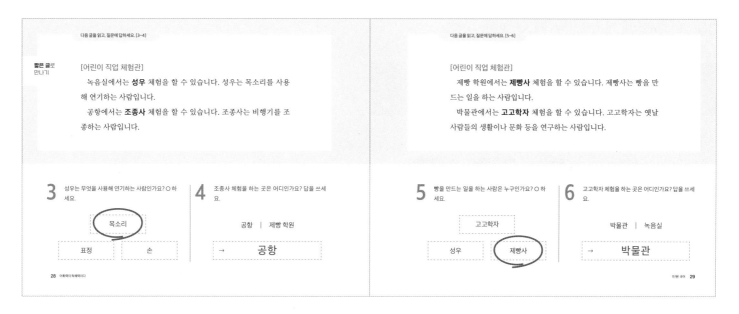

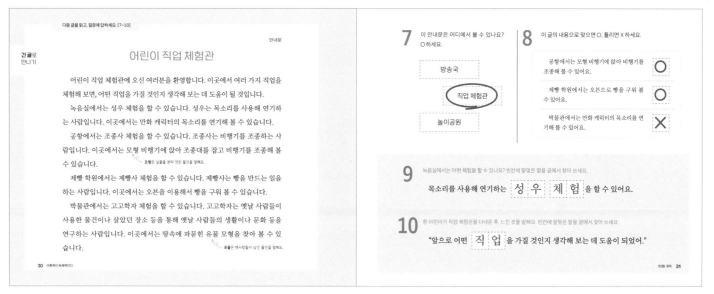

06. 지훈이에게 보내는 편지 / 38~43쪽

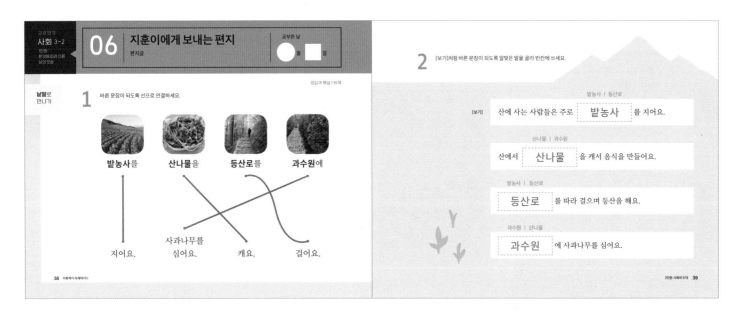

〈편지글〉

편지글은 상대방에게 안부나 소식 등을 전하기 위해 대화하듯이 쓴 글이에요. 이 글은 민아가 친구 지훈이에게 보내는 편지예요.

➕ 더 알아보기

자연환경에 따라 다른 사람들의 생활 모습

사람들은 고장의 자연환경을 이용하며 살아가요. 그래서 고장의 자연환경에 따라 사람들의 생활 모습이 다르지요. 자연환경에 따라 사람들이 어떤 일을 하며 살아가는지 알아보아요.

- **논과 밭이 있는 고장** : 곡식과 채소 등을 재배하거나, 가축을 기르며 살아요.
- **바다가 있는 고장** : 염전*을 만들어 소금을 얻거나 양식장*을 만들어 물고기를 기르며 살아요.

***염전**은 소금을 만들기 위해 바닷물을 끌어 들여 논처럼 만든 곳을 말해요.
***양식장**은 물고기, 김, 미역, 조개 등을 기르는 곳을 말해요.

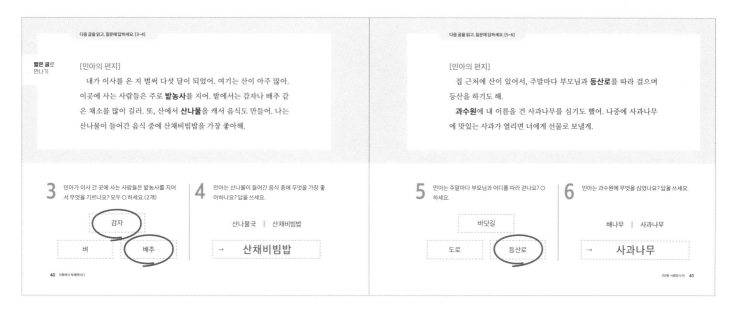

짧은 글로 만나기

[민아의 편지]

내가 이사를 온 지 벌써 다섯 달이 되었어. 여기는 산이 아주 많아. 이곳에 사는 사람들은 주로 **밭농사**를 지어. 밭에서는 감자나 배추 같은 채소를 많이 길러. 또, 산에서 **산나물**을 캐서 음식도 만들어. 나는 산나물이 들어간 음식 중에 산채비빔밥을 가장 좋아해.

3 민아가 이사 간 곳에 사는 사람들은 밭농사를 지어서 무엇을 기르나요? 모두 ○하세요.(2개)

(감자)
벼   (배추)

4 민아는 산나물이 들어간 음식 중에 무엇을 가장 좋아하나요? 답을 쓰세요.

산나물국 | 산채비빔밥

→ 산채비빔밥

40 이휘력이 독해력이다

[민아의 편지]

집 근처에 산이 있어서, 주말마다 부모님과 **등산로**를 따라 걸으며 등산을 하기도 해.

과수원에 내 이름을 건 사과나무를 심기도 했어. 나중에 사과나무에 맛있는 사과가 열리면 너에게 선물로 보낼게.

5 민아는 주말마다 부모님과 어디를 따라 걷나요? ○하세요.

바닷길
도로   (등산로)

6 민아는 과수원에 무엇을 심었나요? 답을 쓰세요.

배나무 | 사과나무

→ 사과나무

2단원 사회와 도덕 41

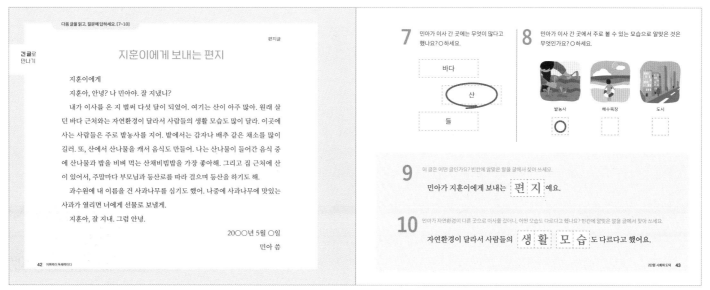

편지글

긴 글로 만나기

지훈이에게 보내는 편지

지훈이에게

지훈아, 안녕? 나 민아야. 잘 지냈니?

내가 이사를 온 지 벌써 다섯 달이 되었어. 여기는 산이 아주 많아. 원래 살던 바다 근처와는 자연환경이 달라서 사람들의 생활 모습도 많이 달라. 이곳에 사는 사람들은 주로 밭농사를 지어. 밭에서는 감자나 배추 같은 채소를 많이 길러. 또, 산에서 산나물을 캐서 음식도 만들어. 나는 산나물이 들어간 음식 중에 산나물과 밥을 비벼 먹는 산채비빔밥을 가장 좋아해. 그리고 집 근처에 산이 있어서, 주말마다 부모님과 등산로를 따라 걸으며 등산을 하기도 해.

과수원에 내 이름을 건 사과나무를 심기도 했어. 나중에 사과나무에 맛있는 사과가 열리면 너에게 선물로 보낼게.

지훈아, 잘 지내. 그럼 안녕.

20○○년 5월 ○일
민아 씀

42 이휘력이 독해력이다

7 민아가 이사 간 곳에는 무엇이 많다고 했나요? ○하세요.

바다
(산)
들

8 민아가 이사 간 곳에서 주로 볼 수 있는 모습으로 알맞은 것은 무엇인가요? ○하세요.

밭농사 ○ | 해수욕장 | 도시

9 이 글은 어떤 글인가요? 빈칸에 알맞은 말을 글에서 찾아 쓰세요.

민아가 지훈이에게 보내는 편 지 예요.

10 민아가 자연환경이 다른 곳으로 이사를 갔더니, 어떤 모습도 다르다고 했나요? 빈칸에 알맞은 말을 글에서 찾아 쓰세요.

자연환경이 달라서 사람들의 생 활 모 습 도 다르다고 했어요.

2단원 사회와 도덕 43

07. 청동기 마을의 특별한 하루 / 44~49쪽

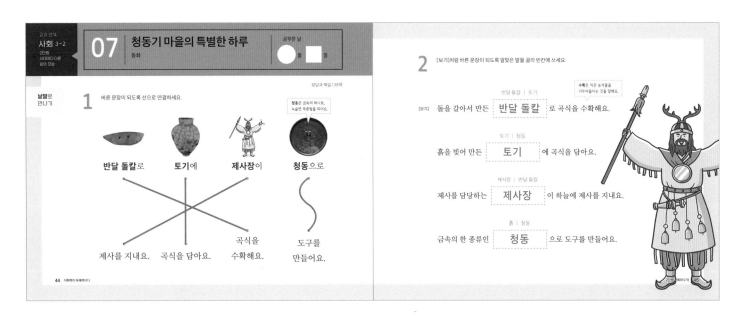

〈동화〉

　동화는 글쓴이가 있음 직한 이야기를 상상하여 어린이를 위해서 쓴 글이에요. 이 글은 청동기 마을에서 제사를 지내는 날에 대한 이야기예요.

➕ 더 알아보기

청동기 시대의 무덤, 고인돌

　고인돌은 청동기 시대의 무덤이에요. 고인돌은 매우 커다란 돌을 사용했기 때문에 고인돌을 만들려면 많은 사람이 필요했지요. 거대한 고인돌을 만들 수 있었다는 것은 그만큼 많은 사람을 다스리고 있었다는 증거이기도 해요. 그래서 고인돌을 청동기 시대 지배자의 무덤으로 짐작하고 있어요.

▲ 고인돌

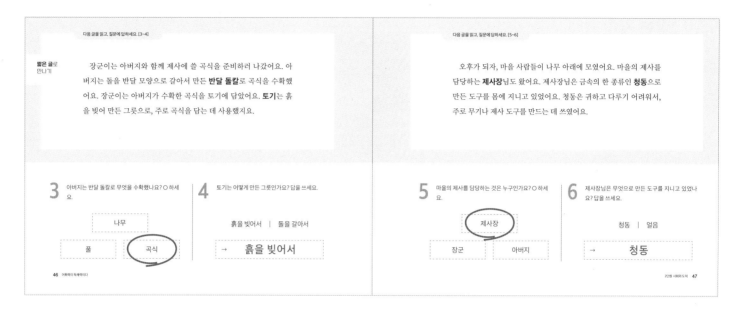

짧은 글로 만나기

장군이는 아버지와 함께 제사에 쓸 곡식을 준비하러 나갔어요. 아버지는 돌을 반달 모양으로 갈아서 만든 **반달 돌칼**로 곡식을 수확했어요. 장군이는 아버지가 수확한 곡식을 토기에 담았어요. **토기**는 흙을 빚어 만든 그릇으로, 주로 곡식을 담는 데 사용했지요.

오후가 되자, 마을 사람들이 나무 아래에 모였어요. 마을의 제사를 담당하는 **제사장**님도 왔어요. 제사장님은 금속의 한 종류인 **청동**으로 만든 도구를 몸에 지니고 있었어요. 청동은 귀하고 다루기 어려워서, 주로 무기나 제사 도구를 만드는 데 쓰였어요.

3 아버지는 반달 돌칼로 무엇을 수확했나요? ○ 하세요.

나무

풀 / 곡식

4 토기는 어떻게 만든 그릇인가요? 답을 쓰세요.

흙을 빚어서 | 돌을 갈아서

→ 흙을 빚어서

5 마을의 제사를 담당하는 것은 누구인가요? ○ 하세요.

제사장

장군 / 아버지

6 제사장님은 무엇으로 만든 도구를 지니고 있었나요? 답을 쓰세요.

청동 | 얼음

→ 청동

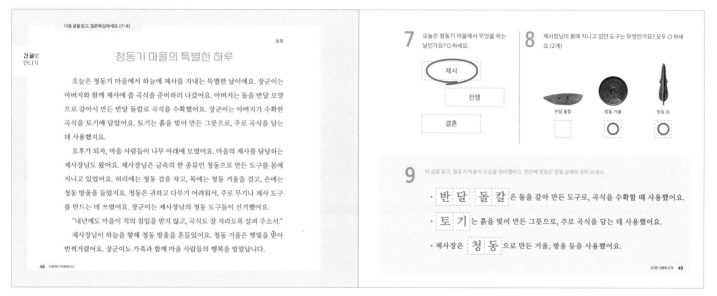

동화

긴 글로 만나기

청동기 마을의 특별한 하루

오늘은 청동기 마을에서 하늘에 제사를 지내는 특별한 날이에요. 장군이는 아버지와 함께 제사에 쓸 곡식을 준비하러 나갔어요. 아버지는 돌을 반달 모양으로 갈아서 만든 반달 돌칼로 곡식을 수확했어요. 장군이는 아버지가 수확한 곡식을 토기에 담았어요. 토기는 흙을 빚어 만든 그릇으로, 주로 곡식을 담는 데 사용했지요.

오후가 되자, 마을 사람들이 나무 아래에 모였어요. 마을의 제사를 담당하는 제사장님도 왔어요. 제사장님은 금속의 한 종류인 청동으로 만든 도구를 몸에 지니고 있었어요. 허리에는 청동 검을 차고, 목에는 청동 거울을 걸고, 손에는 청동 방울을 들었지요. 청동은 귀하고 다루기 어려워서, 주로 무기나 제사 도구를 만드는 데 쓰였어요. 장군이는 제사장님의 청동 도구들이 신기했어요.

"내년에도 마을이 적의 침입을 받지 않고, 곡식도 잘 자라도록 살펴 주소서."

제사장님이 하늘을 향해 청동 방울을 흔들었어요. 청동 거울은 햇빛을 받아 번쩍거렸어요. 장군이도 가족과 함께 마을 사람들의 행복을 빌었답니다.

7 오늘은 청동기 마을에서 무엇을 하는 날인가요? ○ 하세요.

제사

전쟁

결혼

8 제사장님이 몸에 지니고 있던 도구는 무엇인가요? 모두 ○ 하세요. (2개)

반달 돌칼 | 청동 거울 ○ | 청동 검 ○

9 이 글을 읽고, 청동기 마을의 모습을 정리했어요. 빈칸에 알맞은 말을 글에서 찾아 쓰세요.

· 반 달 돌 칼 은 돌을 갈아 만든 도구로, 곡식을 수확할 때 사용했어요.

· 토 기 는 흙을 빚어 만든 그릇으로, 주로 곡식을 담는 데 사용했어요.

· 제사장은 청 동 으로 만든 거울, 방울 등을 사용했어요.

08. 다양한 가족 형태 / 50~55쪽

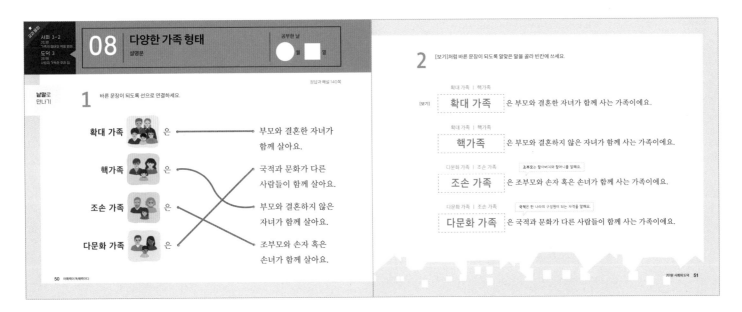

〈설명문〉

설명문은 지식이나 정보를 전달하기 위해 쓴 글이에요. 이 글은 다양한 가족 형태를 설명하는 글이에요.

➕ 더 알아보기

다문화 가족을 돕는 기관, 다문화가족지원센터

'다문화가족지원센터'는 다문화 가족이 한국 사회에 적응하고, 안정적으로 자리를 잡고 살 수 있도록 도와주는 기관이에요. 다문화가족지원센터는 한국어 교육, 통역*및 번역*, 자녀 언어 발달 지원 등 언어와 관련된 서비스를 제공하며, 다문화 가족 관련 법과 제도에 대해서 알려 주기도 해요. 이처럼 다문화가족지원센터는 다문화 가족을 위한 종합적인 서비스를 제공해요.

*통역은 서로 다른 나라 말을 사용하는 사람들 사이에서 뜻이 통하도록 말을 옮겨 주는 것을 말해요.

*번역은 어떤 언어로 된 글을 나른 언어의 글로 옮기는 것을 말해요.

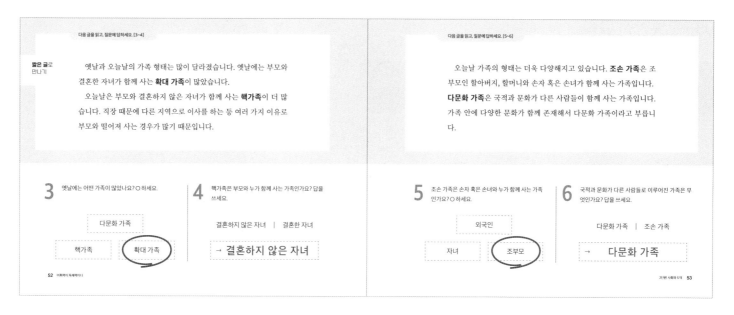

다음 글을 읽고, 질문에 답하세요. [3-4]

짧은 글로 만나기

옛날과 오늘날의 가족 형태는 많이 달라졌습니다. 옛날에는 부모와 결혼한 자녀가 함께 사는 **확대 가족**이 많았습니다.

오늘날은 부모와 결혼하지 않은 자녀가 함께 사는 **핵가족**이 더 많습니다. 직장 때문에 다른 지역으로 이사를 하는 등 여러 가지 이유로 부모와 떨어져 사는 경우가 많기 때문입니다.

3 옛날에는 어떤 가족이 많았나요? ○하세요.

다문화 가족

핵가족   **확대 가족**

4 핵가족은 부모와 누가 함께 사는 가족인가요? 답을 쓰세요.

결혼하지 않은 자녀 | 결혼한 자녀

→ **결혼하지 않은 자녀**

52 어휘력이 독해력이다

다음 글을 읽고, 질문에 답하세요. [5-6]

오늘날 가족의 형태는 더욱 다양해지고 있습니다. **조손 가족**은 조부모인 할아버지, 할머니와 손자 혹은 손녀가 함께 사는 가족입니다. **다문화 가족**은 국적과 문화가 다른 사람들이 함께 사는 가족입니다. 가족 안에 다양한 문화가 함께 존재해서 다문화 가족이라고 부릅니다.

5 조손 가족은 손자 혹은 손녀와 누가 함께 사는 가족인가요? ○하세요.

외국인

자녀   **조부모**

6 국적과 문화가 다른 사람들로 이루어진 가족은 무엇인가요? 답을 쓰세요.

다문화 가족 | 조손 가족

→ **다문화 가족**

2단원 사회와 도덕 53

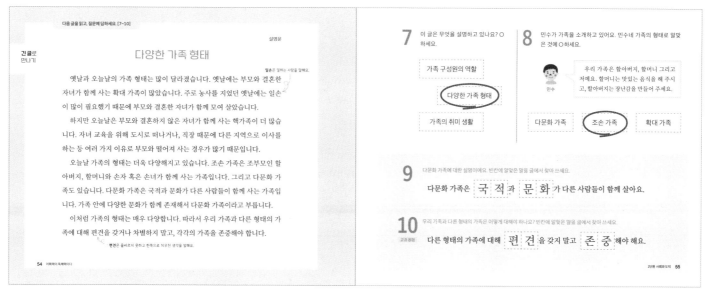

다음 글을 읽고, 질문에 답하세요. [7-10]

설명문

긴 글로 만나기

다양한 가족 형태

짧은은 말하는 사람을 말해요.

옛날과 오늘날의 가족 형태는 많이 달라졌습니다. 옛날에는 부모와 결혼한 자녀가 함께 사는 확대 가족이 많았습니다. 주로 농사를 지었던 옛날에는 일손이 많이 필요했기 때문에 부모와 결혼한 자녀가 함께 모여 살았습니다.

하지만 오늘날은 부모와 결혼하지 않은 자녀가 함께 사는 핵가족이 더 많습니다. 자녀 교육을 위해 도시로 떠나거나, 직장 때문에 다른 지역으로 이사를 하는 등 여러 가지 이유로 부모와 떨어져 사는 경우가 많기 때문입니다.

오늘날 가족의 형태는 더욱 다양해지고 있습니다. 조손 가족은 조부모인 할아버지, 할머니와 손자 혹은 손녀가 함께 사는 가족입니다. 그리고 다문화 가족도 있습니다. 다문화 가족은 국적과 문화가 다른 사람들이 함께 사는 가족입니다. 가족 안에 다양한 문화가 함께 존재해서 다문화 가족이라고 부릅니다.

이처럼 가족의 형태는 매우 다양합니다. 따라서 우리 가족과 다른 형태의 가족에 대해 편견을 갖거나 차별하지 말고, 각각의 가족을 존중해야 합니다.

편견은 올바르지 못하고 한쪽으로 치우친 생각을 말해요.

54 어휘력이 독해력이다

7 이 글은 무엇을 설명하고 있나요? ○하세요.

가족 구성원의 역할

다양한 가족 형태

가족의 취미 생활

8 민수가 가족을 소개하고 있어요. 민수네 가족의 형태로 알맞은 것에 ○하세요.

민수

우리 가족은 할아버지, 할머니 그리고 저예요. 할머니는 맛있는 음식을 해 주시고, 할아버지는 장난감을 만들어 주세요.

다문화 가족   **조손 가족**   확대 가족

9 다문화 가족에 대한 설명이에요. 빈칸에 알맞은 말을 글에서 찾아 쓰세요.

다문화 가족은 **국 적** 과 **문 화** 가 다른 사람들이 함께 살아요.

10 우리 가족과 다른 형태의 가족은 어떻게 대해야 하나요? 빈칸에 알맞은 말을 글에서 찾아 쓰세요.

교과 통합

다른 형태의 가족에 대해 **편 견** 을 갖지 말고 **존 중** 해야 해요.

2단원 사회와 도덕 55

09. 교통안전 규칙 / 56~61쪽

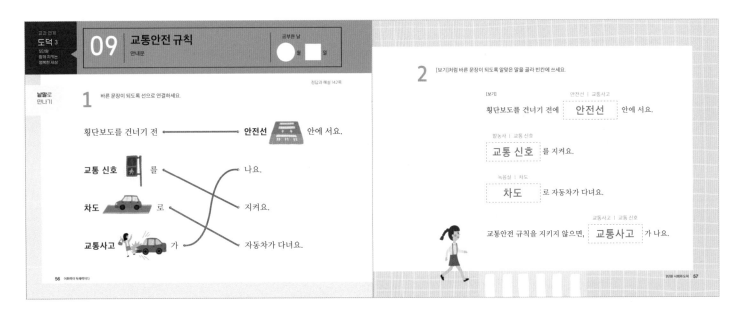

〈안내문〉

안내문은 어떤 내용을 다른 사람에게 알려 주기 위해 쓴 글이에요. 이 글은 교통안전 규칙에 대해 알려 주는 글이에요.

 더 알아보기

횡단보도를 안전하게 건너는 방법

- 횡단보도를 건널 때, 횡단보도를 벗어나지 않아요.
- 횡단보도에서는 친구들과 장난치지 않고, 휴대폰을 사용하지 않아요.
- 자전거를 타다 횡단보도를 건널 때는 자전거에서 내려서 자전거를 끌고 가요.
- 횡단보도의 오른쪽에 있는 화살표를 따라서 건너요. 횡단보도의 왼쪽에서 차가 오기 때문에, 횡단보도의 오른쪽으로 걷는 것이 더 안전해요.

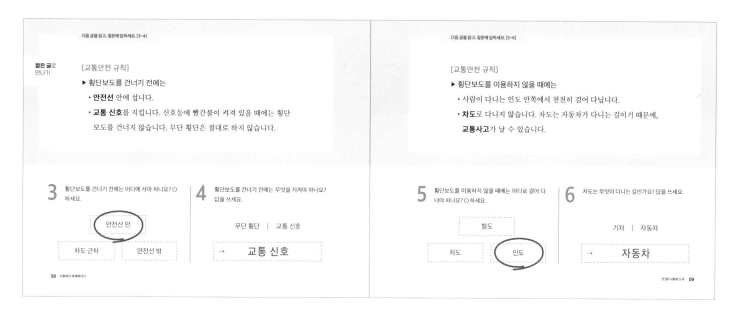

짧은 글로
만나기

[교통안전 규칙]

▶ 횡단보도를 건너기 전에는

• **안전선** 안에 섭니다.

• **교통 신호**를 지킵니다. 신호등에 빨간불이 커져 있을 때에는 횡단
보도를 건너지 않습니다. 무단 횡단은 절대로 하지 않습니다.

3 횡단보도를 건너기 전에는 어디에 서야 하나요? ○
하세요.

안전선 안

차도 근처 | 안전선 밖

4 횡단보도를 건너기 전에는 무엇을 지켜야 하나요?
답을 쓰세요.

무단 횡단 | 교통 신호

→ 교통 신호

[교통안전 규칙]

▶ 횡단보도를 이용하지 않을 때에는

• 사람이 다니는 인도 안쪽에서 천천히 걸어 다닙니다.

• **차도**로 다니지 않습니다. 차도는 자동차가 다니는 길이기 때문에,
교통사고가 날 수 있습니다.

5 횡단보도를 이용하지 않을 때에는 어디로 걸어 다
녀야 하나요? ○하세요.

철도

차도 | 인도

6 차도는 무엇이 다니는 길인가요? 답을 쓰세요.

기차 | 자동차

→ 자동차

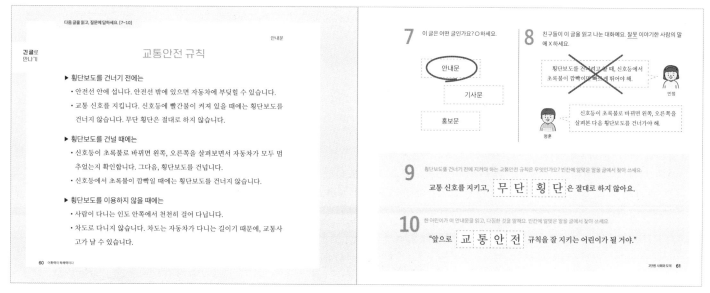

안내문

긴 글로
만나기

교통안전 규칙

▶ 횡단보도를 건너기 전에는

• 안전선 안에 섭니다. 안전선 밖에 있으면 자동차에 부딪힐 수 있습니다.

• 교통 신호를 지킵니다. 신호등에 빨간불이 커져 있을 때에는 횡단보도를
건너지 않습니다. 무단 횡단은 절대로 하지 않습니다.

▶ 횡단보도를 건널 때에는

• 신호등이 초록불로 바뀌면 왼쪽, 오른쪽을 살펴보면서 자동차가 모두 멈
추었는지 확인합니다. 그다음, 횡단보도를 건넙니다.

• 신호등에서 초록불이 깜빡일 때에는 횡단보도를 건너지 않습니다.

▶ 횡단보도를 이용하지 않을 때에는

• 사람이 다니는 인도 안쪽에서 천천히 걸어 다닙니다.

• 차도로 다니지 않습니다. 차도는 자동차가 다니는 길이기 때문에, 교통사
고가 날 수 있습니다.

7 이 글은 어떤 글인가요? ○하세요.

안내문

기사문

홍보문

8 친구들이 이 글을 읽고 나눈 대화예요. 잘못 이야기한 사람의 말
에 X 하세요.

횡단보도를 건너려고 할 때, 신호등에서
초록불이 깜빡이면 빨르게 뛰어야 해.

민정

신호등이 초록불로 바뀌면 왼쪽, 오른쪽을
살펴본 다음 횡단보도를 건너가야 해.

명훈

9 횡단보도를 건너기 전에 지켜야 하는 교통안전 규칙은 무엇인가요? 빈칸에 알맞은 말을 글에서 찾아 쓰세요.

교통 신호를 지키고, 무 단 횡 단 은 절대로 하지 않아요.

10 한 어린이가 이 안내문을 읽고, 다짐한 것을 말해요. 빈칸에 알맞은 말을 글에서 찾아 쓰세요.

"앞으로 교 통 안 전 규칙을 잘 지키는 어린이가 될 거야."

11. 사막에 사는 동물들 / 68~73쪽

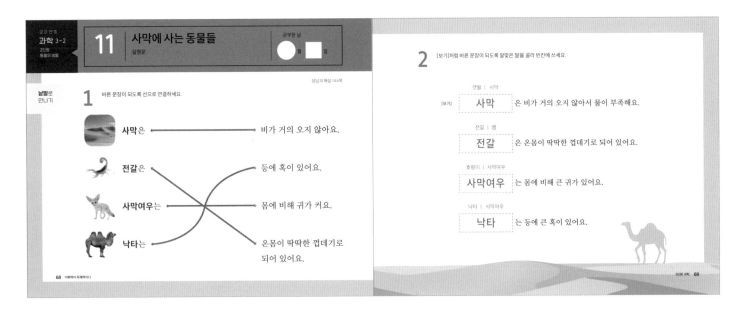

〈설명문〉

설명문은 지식이나 정보를 전달하기 위해 쓴 글이에요. 이 글은 사막에 사는 동물들을 설명하는 글이에요.

사막에 사는 동물들

뱀 | 뱀은 몸의 일부를 들고, 옆으로 기어 다니는 것처럼 움직여요. 이렇게 하면 뜨거운 땅에 닿는 부분을 줄일 수 있기 때문이에요.

▲ 뱀

도마뱀 | 도마뱀은 서 있거나 걸어 다닐 때, 한 번에 두 발씩 번갈아 들어 올려요. 이렇게 하면 발에 오른 열을 식힐 수 있기 때문이에요.

▲ 도마뱀

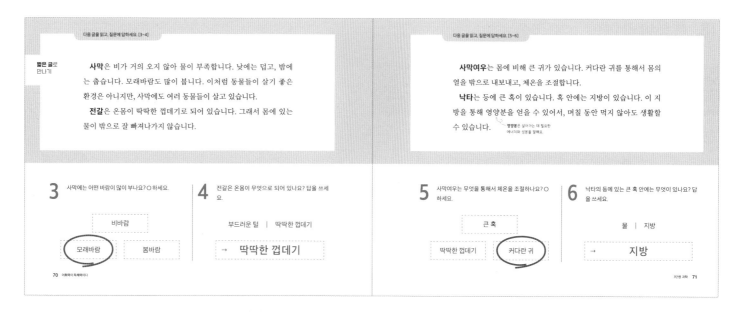

짧은 글로 만나기

사막은 비가 거의 오지 않아 물이 부족합니다. 낮에는 덥고, 밤에는 춥습니다. 모래바람도 많이 붑니다. 이처럼 동물들이 살기 좋은 환경은 아니지만, 사막에도 여러 동물들이 살고 있습니다.

전갈은 온몸이 딱딱한 껍데기로 되어 있습니다. 그래서 몸에 있는 물이 밖으로 잘 빠져나가지 않습니다.

3 사막에는 어떤 바람이 많이 부나요? ○하세요.

비바람

모래바람 (○) | 봄바람

4 전갈은 온몸이 무엇으로 되어 있나요? 답을 쓰세요.

부드러운 털 | 딱딱한 껍데기

→ **딱딱한 껍데기**

70 어휘력이 독해력이다

사막여우는 몸에 비해 큰 귀가 있습니다. 커다란 귀를 통해서 몸의 열을 밖으로 내보내고, 체온을 조절합니다.

낙타는 등에 큰 혹이 있습니다. 혹 안에는 지방이 있습니다. 이 지방을 통해 영양분을 얻을 수 있어서, 며칠 동안 먹지 않아도 생활할 수 있습니다.

영양분은 살아가는 데 필요한 에너지와 성분을 말해요.

5 사막여우는 무엇을 통해서 체온을 조절하나요? ○하세요.

큰 혹

딱딱한 껍데기 | **커다란 귀** (○)

6 낙타의 등에 있는 큰 혹 안에는 무엇이 있나요? 답을 쓰세요.

물 | 지방

→ **지방**

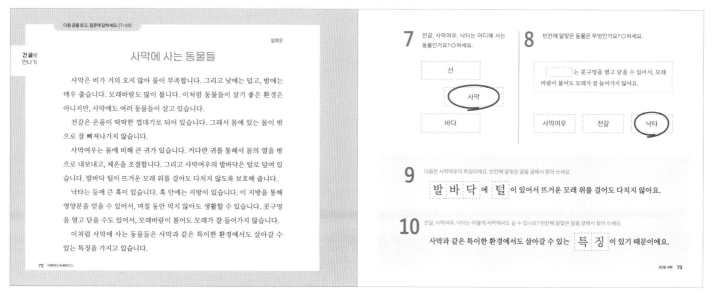

설명문

긴 글로 만나기

사막에 사는 동물들

사막은 비가 거의 오지 않아 물이 부족합니다. 그리고 낮에는 덥고, 밤에는 매우 춥습니다. 모래바람도 많이 붑니다. 이처럼 동물들이 살기 좋은 환경은 아니지만, 사막에도 여러 동물들이 살고 있습니다.

전갈은 온몸이 딱딱한 껍데기로 되어 있습니다. 그래서 몸에 있는 물이 밖으로 잘 빠져나가지 않습니다.

사막여우는 몸에 비해 큰 귀가 있습니다. 커다란 귀를 통해서 몸의 열을 밖으로 내보내고, 체온을 조절합니다. 그리고 사막여우의 발바닥은 털로 덮여 있습니다. 발바닥 털이 뜨거운 모래 위를 걸어도 다치지 않도록 보호해 줍니다.

낙타는 등에 큰 혹이 있습니다. 혹 안에는 지방이 있습니다. 이 지방을 통해 영양분을 얻을 수 있어서, 며칠 동안 먹지 않아도 생활할 수 있습니다. 콧구멍을 열고 닫을 수도 있어서, 모래바람이 불어도 모래가 잘 들어가지 않습니다.

이처럼 사막에 사는 동물들은 사막과 같은 특이한 환경에서도 살아갈 수 있는 특징을 가지고 있습니다.

72 어휘력이 독해력이다

7 전갈, 사막여우, 낙타는 어디에 사는 동물인가요? ○하세요.

산

사막 (○)

바다

8 빈칸에 알맞은 동물은 무엇인가요? ○하세요.

[   ]는 콧구멍을 열고 닫을 수 있어서, 모래바람이 불어도 모래가 잘 들어가지 않아요.

사막여우 | 전갈 | **낙타** (○)

9 다음은 사막여우의 특징이에요. 빈칸에 알맞은 말을 글에서 찾아 쓰세요.

발바닥 에 **털** 이 있어서 뜨거운 모래 위를 걸어도 다치지 않아요.

10 전갈, 사막여우, 낙타는 어떻게 사막에서 살 수 있나요? 빈칸에 알맞은 말을 글에서 찾아 쓰세요.

사막과 같은 특이한 환경에서도 살아갈 수 있는 **특 징** 이 있기 때문이에요.

12. 툭툭이의 여행 / 74~79쪽

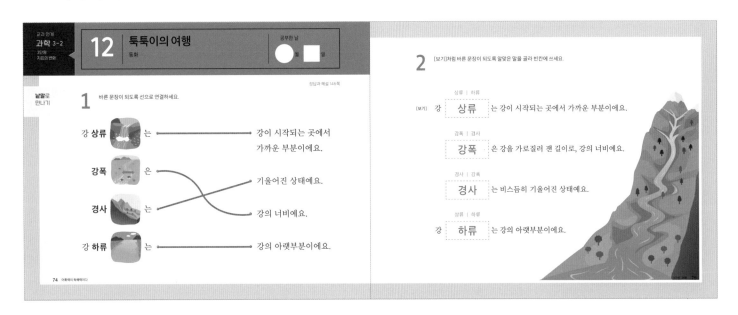

〈동화〉

동화는 글쓴이가 있음 직한 이야기를 상상하여 어린이를 위해서 쓴 글이에요. 이 글은 돌멩이 툭툭이의 이야기예요.

➕ 더 알아보기

강 상류와 강 하류의 모습

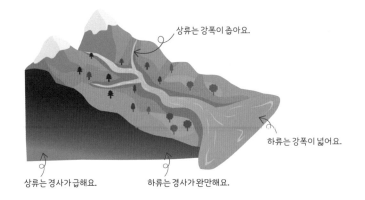

상류는 강폭이 좁아요.

하류는 강폭이 넓어요.

상류는 경사가 급해요.

하류는 경사가 완만해요.

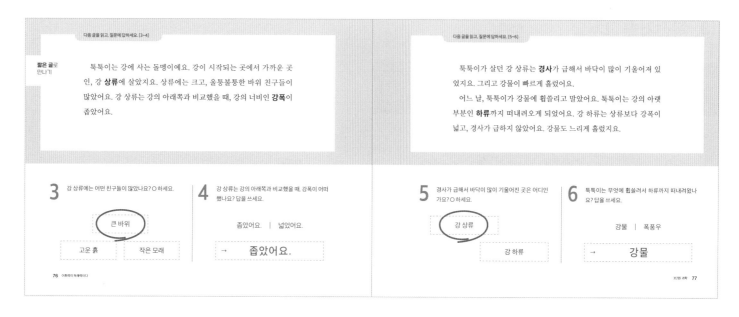

짧은 글로 만나기

툭툭이는 강에 사는 돌멩이예요. 강이 시작되는 곳에서 가까운 곳인, 강 **상류**에 살았지요. 상류에는 크고, 울퉁불퉁한 바위 친구들이 많았어요. 강 상류는 강의 아래쪽과 비교했을 때, 강의 너비인 **강폭**이 좁았어요.

3 강 상류에는 어떤 친구들이 많았나요? ○하세요.

(**큰 바위**)

고운 흙 | 작은 모래

4 강 상류는 강의 아래쪽과 비교했을 때, 강폭이 어떠했나요? 답을 쓰세요.

좁았어요. | 넓었어요.

→ **좁았어요.**

76 어휘력이 독해력이다

툭툭이가 살던 강 상류는 **경사**가 급해서 바닥이 많이 기울어져 있었지요. 그리고 강물이 빠르게 흘렀어요.

어느 날, 툭툭이가 강물에 휩쓸리고 말았어요. 툭툭이는 강의 아랫부분인 **하류**까지 떠내려오게 되었어요. 강 하류는 상류보다 강폭이 넓고, 경사가 급하지 않았어요. 강물도 느리게 흘렀지요.

5 경사가 급해서 바닥이 많이 기울어진 곳은 어디인가요? ○하세요.

(**강 상류**)

강 하류

6 툭툭이는 무엇에 휩쓸려서 하류까지 떠내려왔나요? 답을 쓰세요.

강물 | 폭풍우

→ **강물**

3단원 과학 77

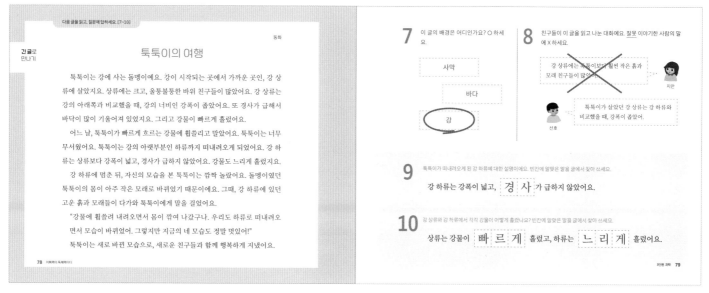

동화

긴 글로 만나기

툭툭이의 여행

툭툭이는 강에 사는 돌멩이예요. 강이 시작되는 곳에서 가까운 곳인, 강 상류에 살았지요. 상류에는 크고, 울퉁불퉁한 바위 친구들이 많았어요. 강 상류는 강의 아래쪽과 비교했을 때, 강의 너비인 강폭이 좁았어요. 또 경사가 급해서 바닥이 많이 기울어져 있었어요. 그리고 강물이 빠르게 흘렀어요.

어느 날, 툭툭이가 빠르게 흐르는 강물에 휩쓸리고 말았어요. 툭툭이는 너무 무서웠어요. 툭툭이는 강의 아랫부분인 하류까지 떠내려오게 되었어요. 강 하류는 상류보다 강폭이 넓고, 경사가 급하지 않았어요. 강물도 느리게 흘렀지요.

강 하류에 멈춘 뒤, 자신의 모습을 본 툭툭이는 깜짝 놀랐어요. 돌멩이였던 툭툭이의 몸이 아주 작은 모래로 바뀌었기 때문이에요. 그때, 강 하류에 있던 고운 흙과 모래들이 다가와 툭툭이에게 말을 걸었어요.

"강물에 휩쓸려 내려오면서 몸이 깎여 나갔구나. 우리도 하류로 떠내려오면서 모습이 바뀌었어. 그렇지만 지금의 네 모습도 정말 멋있어!"

툭툭이는 새로 바뀐 모습으로, 새로운 친구들과 함께 행복하게 지냈어요.

78 어휘력이 독해력이다

7 이 글의 배경은 어디인가요? ○ 하세요.

사막

바다

(강)

8 친구들이 이 글을 읽고 나눈 대화예요. 잘못 이야기한 사람의 말에 X하세요.

강 상류에는 돌멩이보다 훨씬 작은 흙과 모래 친구들이 많았어. 지안

툭툭이가 살았던 강 상류는 강 하류와 비교했을 때, 강폭이 좁았어. 선호

9 툭툭이가 떠내려오게 된 강 하류에 대한 설명이에요. 빈칸에 알맞은 말을 글에서 찾아 쓰세요.

강 하류는 강폭이 넓고, **경 사** 가 급하지 않았어요.

10 강 상류와 강 하류에서 각각 강물이 어떻게 흘렀나요? 빈칸에 알맞은 말을 글에서 찾아 쓰세요.

상류는 강물이 **빠 르 게** 흘렀고, 하류는 **느 리 게** 흘렀어요.

3단원 과학 79

정답과 해설 **147**

13. 자전거를 고쳐요 / 80~85쪽

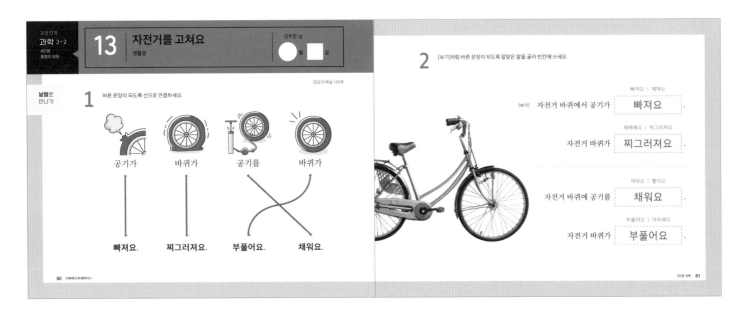

〈생활문〉

생활문은 일상생활에서 겪은 일을 중심으로 쓴 글이에요. 일기나 편지, 감상문 등이 생활문이에요. 이 글은 아빠가 자전거를 고쳐 주신 날에 대한 글이에요.

더 알아보기

공기의 성질을 이용한 물건

공기는 공간을 차지하는 성질이 있어요. 〈자전거를 고쳐요〉에 나온 바퀴, 축구공 외에 공기의 이러한 성질을 이용한 물건은 무엇이 있는지 살펴볼까요?

▲ 공기베개   ▲ 튜브   ▲ 부푼 풍선

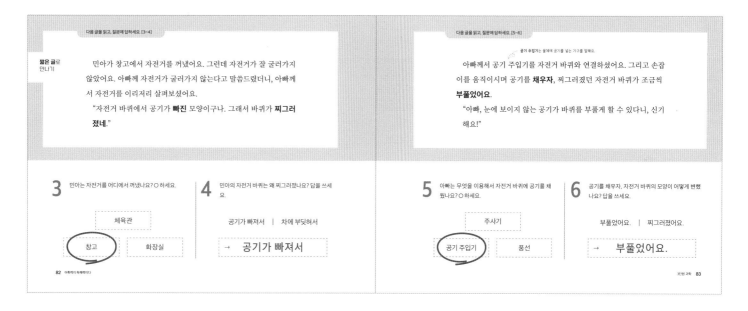

짧은 글로 만나기

민아가 창고에서 자전거를 꺼냈어요. 그런데 자전거가 잘 굴러가지 않았어요. 아빠께 자전거가 굴러가지 않는다고 말씀드렸더니, 아빠께서 자전거를 이리저리 살펴보셨어요.

"자전거 바퀴에서 공기가 **빠진** 모양이구나. 그래서 바퀴가 **찌그러졌네**."

3 민아는 자전거를 어디에서 꺼냈나요? ○ 하세요.

체육관

(창고) 화장실

4 민아의 자전거 바퀴는 왜 찌그러졌나요? 답을 쓰세요.

공기가 빠져서 | 차에 부딪혀서

→ 공기가 빠져서

82 어휘 패에 독해해지다

공기 주입기는 물체에 공기를 넣는 기구를 말해요.

아빠께서 공기 주입기를 자전거 바퀴와 연결하셨어요. 그리고 손잡이를 움직이시며 공기를 **채우자**, 찌그러졌던 자전거 바퀴가 조금씩 **부풀었어요**.

"아빠, 눈에 보이지 않는 공기가 바퀴를 부풀게 할 수 있다니, 신기해요!"

5 아빠는 무엇을 이용해서 자전거 바퀴에 공기를 채웠나요? ○ 하세요.

주사기

(공기 주입기) 풍선

6 공기를 채우자, 자전거 바퀴의 모양이 어떻게 변했나요? 답을 쓰세요.

부풀었어요. | 찌그러졌어요.

→ 부풀었어요.

3단원 과학 83

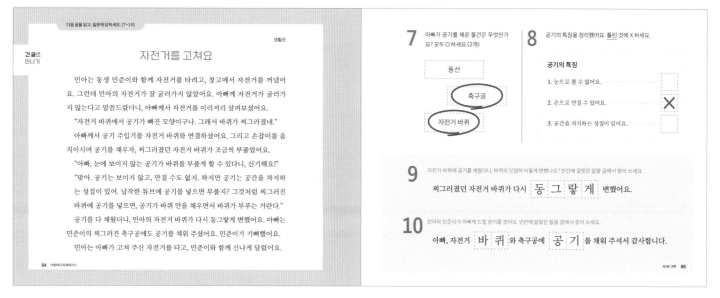

긴 글로 만나기

생활문

자전거를 고쳐요

민아는 동생 민준이와 함께 자전거를 타려고, 창고에서 자전거를 꺼냈어요. 그런데 민아의 자전거가 잘 굴러가지 않았어요. 아빠께 자전거가 굴러가지 않는다고 말씀드렸더니, 아빠께서 자전거를 이리저리 살펴보셨어요.

"자전거 바퀴에서 공기가 빠진 모양이구나. 그래서 바퀴가 찌그러졌네."

아빠께서 공기 주입기를 자전거 바퀴와 연결하셨어요. 그리고 손잡이를 움직이시며 공기를 채우자, 찌그러졌던 자전거 바퀴가 조금씩 부풀었어요.

"아빠, 눈에 보이지 않는 공기가 바퀴를 부풀게 할 수 있다니, 신기해요!"

"맞아. 공기는 보이지 않고, 만질 수도 없지. 하지만 공기는 공간을 차지하는 성질이 있어. 납작한 튜브에 공기를 넣으면 부풀지? 그것처럼 찌그러진 바퀴에 공기를 넣으면, 공기가 바퀴 안을 채우면서 바퀴가 부푸는 거란다."

공기를 다 채웠더니, 민아의 자전거 바퀴가 다시 동그랗게 변했어요. 아빠는 민준이의 찌그러진 축구공에도 공기를 채워 주셨어요. 민준이가 기뻐했어요.

민아는 아빠가 고쳐 주신 자전거를 타고, 민준이와 함께 신나게 달렸어요.

84 어휘 패에 독해해지다

7 아빠가 공기를 채운 물건은 무엇인가요? 모두 ○ 하세요. (2개)

풍선

(축구공)

(자전거 바퀴)

8 공기의 특징을 정리했어요. 틀린 것에 X 하세요.

공기의 특징

1. 눈으로 볼 수 없어요. ......

2. 손으로 만질 수 있어요. ...... ✗

3. 공간을 차지하는 성질이 있어요. ......

9 자전거 바퀴에 공기를 채웠더니 바퀴의 모양이 어떻게 변했나요? 빈칸에 알맞은 말을 글에서 찾아 쓰세요.

찌그러졌던 자전거 바퀴가 다시 동 그 랗 게 변했어요.

10 민아와 민준이가 아빠께 드릴 편지를 썼어요. 빈칸에 알맞은 말을 글에서 찾아 쓰세요.

아빠, 자전거 바 퀴 와 축구공에 공 기 를 채워 주셔서 감사합니다.

3단원 과학 85

14. 소음을 줄여요 / 86~91쪽

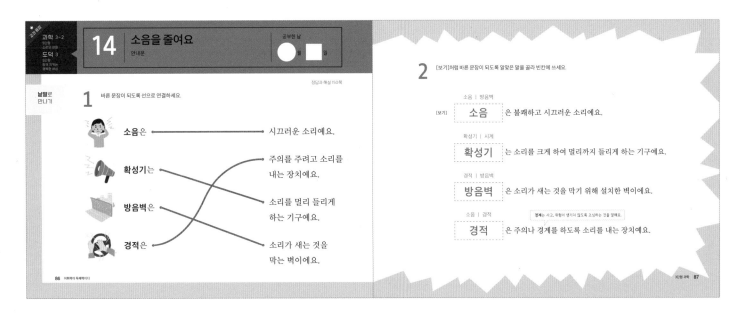

〈안내문〉

안내문은 어떤 내용을 다른 사람에게 알려 주기 위해 쓴 글이에요. 이 글은 아파트에서 소음을 줄일 수 있는 방법에 대해 알려 주는 글이에요.

✚ 더 알아보기

층간 소음을 줄이는 방법

- 늦은 밤에는 악기를 연주하지 않아요.
- 늦은 밤에는 러닝 머신과 같이 소리가 나는 운동을 하지 않아요.
- 텔레비전을 보거나 스피커로 음악을 들을 때에는 소리를 낮추어요.
- 이른 아침이나 늦은 밤에는 세탁기, 청소기 같은 가전제품을 사용하지 않아요.

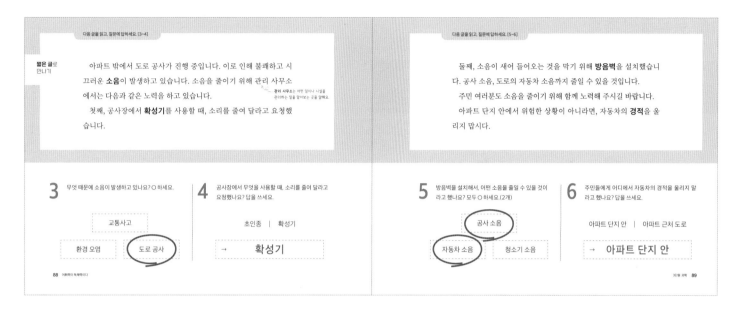

짧은 글로 만나기

아파트 밖에서 도로 공사가 진행 중입니다. 이로 인해 불쾌하고 시끄러운 **소음**이 발생하고 있습니다. 소음을 줄이기 위해 관리 사무소에서는 다음과 같은 노력을 하고 있습니다.

관리 사무소는 어떤 일이나 시설을 관리하는 일을 맡아보는 곳을 말해요.

첫째, 공사장에서 **확성기**를 사용할 때, 소리를 줄여 달라고 요청했습니다.

3 무엇 때문에 소음이 발생하고 있나요? ○ 하세요.

교통사고

환경 오염 | (도로 공사)

4 공사장에서 무엇을 사용할 때, 소리를 줄여 달라고 요청했나요? 답을 쓰세요.

초인종 | 확성기

→ 확성기

88 어휘력이 독해력이다

둘째, 소음이 새어 들어오는 것을 막기 위해 **방음벽**을 설치했습니다. 공사 소음, 도로의 자동차 소음까지 줄일 수 있을 것입니다.

주민 여러분도 소음을 줄이기 위해 함께 노력해 주시길 바랍니다. 아파트 단지 안에서 위험한 상황이 아니라면, 자동차의 **경적**을 울리지 맙시다.

5 방음벽을 설치해서, 어떤 소음을 줄일 수 있을 것이라고 했나요? 모두 ○ 하세요.(2개)

(공사 소음)

(자동차 소음) | 청소기 소음

6 주민들에게 어디에서 자동차의 경적을 울리지 말라고 했나요? 답을 쓰세요.

아파트 단지 안 | 아파트 근처 도로

→ 아파트 단지 안

89 3단원 과학

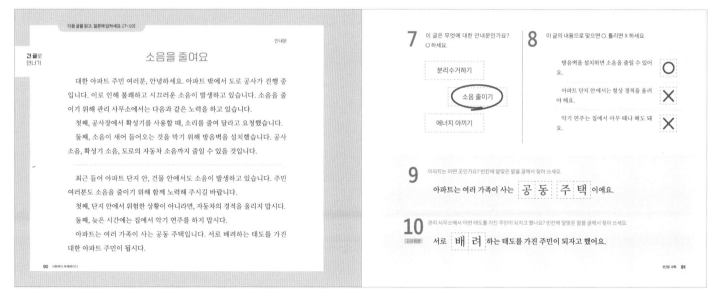

안내문

긴 글로 만나기

소음을 줄여요

대한 아파트 주민 여러분, 안녕하세요. 아파트 밖에서 도로 공사가 진행 중입니다. 이로 인해 불쾌하고 시끄러운 소음이 발생하고 있습니다. 소음을 줄이기 위해 관리 사무소에서는 다음과 같은 노력을 하고 있습니다.

첫째, 공사장에서 확성기를 사용할 때, 소리를 줄여 달라고 요청했습니다.

둘째, 소음이 새어 들어오는 것을 막기 위해 방음벽을 설치했습니다. 공사 소음, 확성기 소음, 도로의 자동차 소음까지 줄일 수 있을 것입니다.

최근 들어 아파트 단지 안, 건물 안에서도 소음이 발생하고 있습니다. 주민 여러분도 소음을 줄이기 위해 함께 노력해 주시길 바랍니다.

첫째, 단지 안에서 위험한 상황이 아니라면, 자동차의 경적을 울리지 맙시다.

둘째, 늦은 시간에는 집에서 악기 연주를 하지 맙시다.

아파트는 여러 가족이 사는 공동 주택입니다. 서로 배려하는 태도를 가진 대한 아파트 주민이 됩시다.

90 어휘력이 독해력이다

7 이 글은 무엇에 대한 안내문인가요? ○ 하세요.

분리수거하기

(소음 줄이기)

에너지 아끼기

8 이 글의 내용으로 맞으면 ○, 틀리면 X 하세요.

방음벽을 설치하면 소음을 줄일 수 있어요. ○

아파트 단지 안에서는 항상 경적을 울려야 해요. X

악기 연주는 집에서 아무 때나 해도 돼요. X

9 아파트는 어떤 곳인가요? 빈칸에 알맞은 말을 글에서 찾아 쓰세요.

아파트는 여러 가족이 사는 공 동 주 택 이에요.

10 관리 사무소에서 어떤 태도를 가진 주민이 되자고 했나요? 빈칸에 알맞은 말을 글에서 찾아 쓰세요.

[교과융합] 서로 배 려 하는 태도를 가진 주민이 되자고 했어요.

91 3단원 과학

16. 동물들의 축제 / 98~103쪽

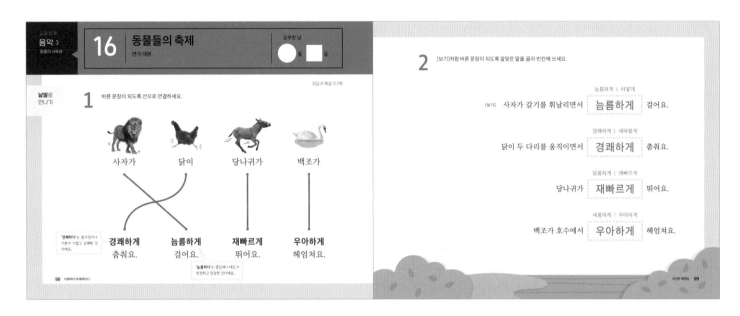

 더 알아보기

〈연극 대본〉

대본은 연극이나 영화에서 대사나 장면에 대한 설명 등을 적어 놓은 글이에요. 이 글은 동물들이 축제를 벌이는 연극의 대본이에요.

의미가 서로 비슷한 말, 유의어

의미가 서로 비슷한 말을 '유의어'라고 해요. 〈동물들의 축제〉에 나온 낱말들의 유의어는 무엇인지 살펴볼까요?

- **경쾌하다** : 가뿐하다, 상쾌하다, 명쾌하다
- **늠름하다** : 당당하다, 씩씩하다, 의젓하다
- **재빠르다** : 날렵하다, 날쌔다, 잽싸다
- **우아하다** : 멋지다, 세련되다, 아름답다

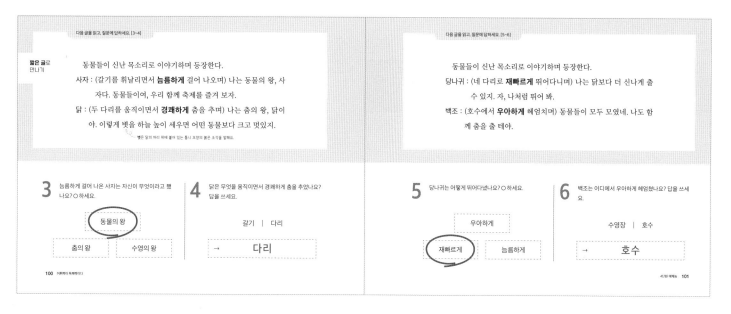

다음 글을 읽고, 질문에 답하세요. [3~4]

짧은 글로 만나기

동물들이 신난 목소리로 이야기하며 등장한다.

사자 : (갈기를 휘날리면서 **늠름하게** 걸어 나오며) 나는 동물의 왕, 사자다. 동물들이여, 우리 함께 축제를 즐겨 보자.

닭 : (두 다리를 움직이면서 **경쾌하게** 춤을 추며) 나는 춤의 왕, 닭이야. 이렇게 볏을 하늘 높이 세우면 어떤 동물보다 크고 멋있지.

볏은 닭의 머리 위에 붙어 있는 톱니 모양의 붉은 조각을 말해요.

3 늠름하게 걸어 나온 사자는 자신이 무엇이라고 했나요? ○하세요.

동물의 왕

춤의 왕 | 수영의 왕

4 닭은 무엇을 움직이면서 경쾌하게 춤을 추었나요? 답을 쓰세요.

갈기 | 다리

→ 다리

다음 글을 읽고, 질문에 답하세요. [5~6]

동물들이 신난 목소리로 이야기하며 등장한다.

당나귀 : (네 다리로 **재빠르게** 뛰어다니며) 나는 닭보다 더 신나게 출 수 있지. 자, 나처럼 뛰어 봐.

백조 : (호수에서 **우아하게** 헤엄치며) 동물들이 모두 모였네. 나도 함께 춤을 출 테야.

5 당나귀는 어떻게 뛰어다녔나요? ○하세요.

우아하게

재빠르게 | 늠름하게

6 백조는 어디에서 우아하게 헤엄쳤나요? 답을 쓰세요.

수영장 | 호수

→ 호수

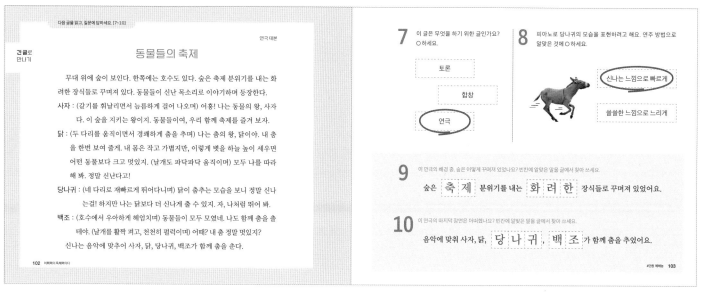

다음 글을 읽고, 질문에 답하세요. [7~10]

연극 대본

긴 글로 만나기

동물들의 축제

무대 위에 숲이 보인다. 한쪽에는 호수도 있다. 숲은 축제 분위기를 내는 화려한 장식들로 꾸며져 있다. 동물들이 신난 목소리로 이야기하며 등장한다.

사자 : (갈기를 휘날리면서 늠름하게 걸어 나오며) 어흥! 나는 동물의 왕, 사자다. 이 숲을 지키는 왕이지. 동물들이여, 우리 함께 축제를 즐겨 보자.

닭 : (두 다리를 움직이면서 경쾌하게 춤을 추며) 나는 춤의 왕, 닭이야. 내 춤을 한번 보여 줄게. 내 몸은 작고 가볍지만, 이렇게 볏을 하늘 높이 세우면 어떤 동물보다 크고 멋있지. (날개도 파닥파닥 움직이며) 모두 나를 따라 해 봐. 정말 신난다고!

당나귀 : (네 다리로 재빠르게 뛰어다니며) 닭이 춤추는 모습을 보니 정말 신나는걸! 하지만 나는 닭보다 더 신나게 출 수 있지. 자, 나처럼 뛰어 봐.

백조 : (호수에서 우아하게 헤엄치며) 동물들이 모두 모였네. 나도 함께 춤을 출 테야. (날개를 활짝 펴고, 천천히 펄럭이며) 어때? 내 춤 정말 멋있지?

신나는 음악에 맞추어 사자, 닭, 당나귀, 백조가 함께 춤을 춘다.

7 이 글은 무엇을 하기 위한 글인가요? ○하세요.

토론

합창

연극

8 피아노로 당나귀의 모습을 표현하려고 해요. 연주 방법으로 알맞은 것에 ○하세요.

신나는 느낌으로 빠르게

쓸쓸한 느낌으로 느리게

9 이 연극의 배경 중, 숲은 어떻게 꾸며져 있었나요? 빈칸에 알맞은 말을 글에서 찾아 쓰세요.

숲은 축제 분위기를 내는 화려한 장식들로 꾸며져 있었어요.

10 이 연극의 마지막 장면은 어때했나요? 빈칸에 알맞은 말을 글에서 찾아 쓰세요.

음악에 맞춰 사자, 닭, 당나귀, 백조가 함께 춤을 추었어요.

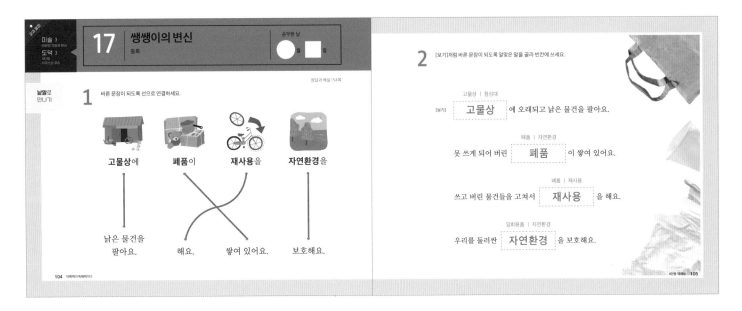

〈동화〉

동화는 글쓴이가 있음 직한 이야기를 상상하여 어린이를 위해서 쓴 글이에요. 이 글은 자전거 쌩쌩이의 이야기예요.

 더 알아보기

재사용과 재활용

재사용과 재활용은 쓰레기를 줄일 수 있을 뿐만 아니라 자원의 낭비를 막고, 환경 오염도 줄일 수 있는 방법이에요. 재사용과 재활용에 대해 자세히 알아볼까요?

재사용 | 재사용은 쓰고 버린 물건을 손질해서, 그 용도대로 다시 사용하는 것을 말해요. 헌 옷, 유리병 등을 다시 사용하는 것이 재사용이에요.

재활용 | 재활용은 쓰고 버린 물건을 그대로 사용하는 것이 아니라, 물건의 쓰임새를 바꾸거나 다른 것으로 만들어서 사용하는 것을 말해요. 쓰고 버린 페트병을 이용해서 가방, 옷, 인형 등을 만드는 것이 재활용이에요.

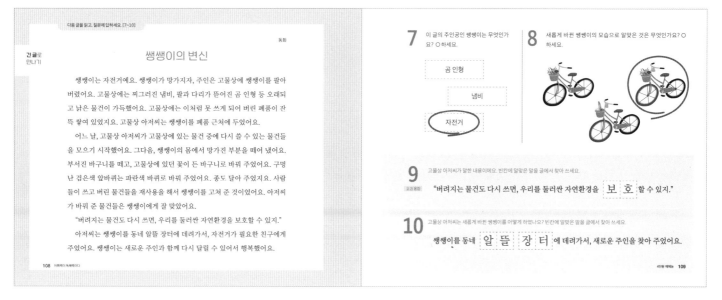

18. 김홍도 전시회 / 110~115쪽

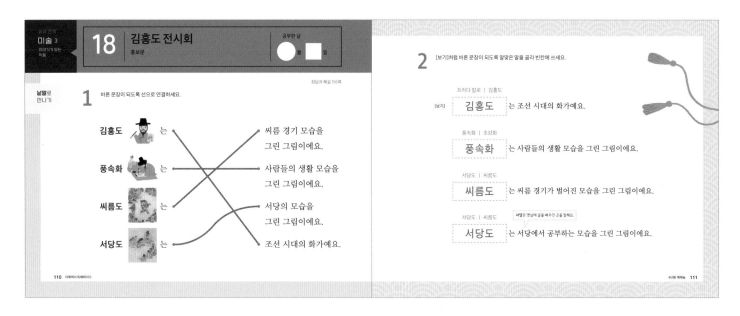

교과 연계
미술 3
이야기가 있는 작품

18 김홍도 전시회
홍보문

공부한 날
○월 □일

정답과 해설 156쪽

낱말로 만나기

1 바른 문장이 되도록 선으로 연결하세요.

김홍도 는 · · 씨름 경기 모습을 그린 그림이에요.

풍속화 는 · · 사람들의 생활 모습을 그린 그림이에요.

씨름도 는 · · 서당의 모습을 그린 그림이에요.

서당도 는 · · 조선 시대의 화가예요.

2 [보기]처럼 바른 문장이 되도록 알맞은 말을 골라 빈칸에 쓰세요.

[보기] 프리다 칼로 | 김홍도
김홍도 는 조선 시대의 화가예요.

풍속화 | 초상화
풍속화 는 사람들의 생활 모습을 그린 그림이에요.

서당도 | 씨름도
씨름도 는 씨름 경기가 벌어진 모습을 그린 그림이에요.

서당도 | 씨름도   서당은 옛날에 글을 배우던 곳을 말해요.
서당도 는 서당에서 공부하는 모습을 그린 그림이에요.

110 어휘력이 독해력이다

4단원 예체능 111

〈홍보문〉

홍보문은 어떤 사실이나 제품을 널리 알리기 위해 쓴 글이에요. 이 글은 김홍도 전시회의 일정, 전시 작품 등을 알려 주는 글이에요.

➕ 더 알아보기

김홍도의 〈무동도〉

〈무동도〉는 연주 소리에 맞추어 춤을 추고 있는 아이의 모습을 그린 그림이에요. 옷깃을 펄럭이며 춤을 추는 모습, 양쪽 볼이 터질 듯 피리를 불고 있는 모습 등 사람들의 행동과 표정을 생동감 넘치게 표현했어요.

▲ 무동도

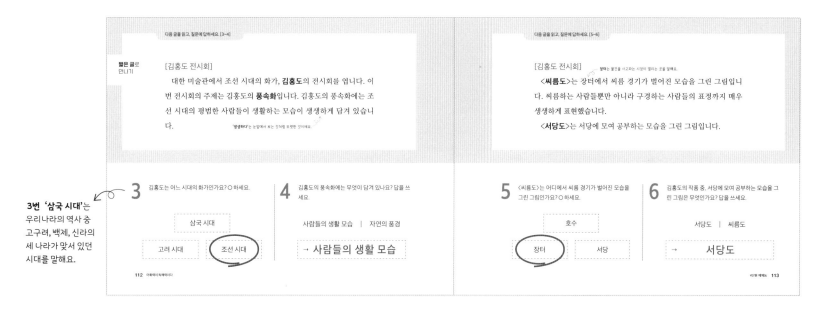

짧은 글로 만나기

[김홍도 전시회]

　대한 미술관에서 조선 시대의 화가, **김홍도**의 전시회를 엽니다. 이번 전시회의 주제는 김홍도의 **풍속화**입니다. 김홍도의 풍속화에는 조선 시대의 평범한 사람들이 생활하는 모습이 생생하게 담겨 있습니다.

'생생하다'는 눈앞에서 보는 것처럼 또렷한 것이에요.

3번 '삼국 시대'는 우리나라의 역사 중 고구려, 백제, 신라의 세 나라가 맞서 있던 시대를 말해요.

3 김홍도는 어느 시대의 화가인가요? ○ 하세요.

삼국 시대

고려 시대　　조선 시대

4 김홍도의 풍속화에는 무엇이 담겨 있나요? 답을 쓰세요.

사람들의 생활 모습　｜　자연의 풍경

→ 사람들의 생활 모습

112 어휘력이 독해력이다

[김홍도 전시회]　장터는 물건을 사고파는 시장이 열리는 곳을 말해요.

　<씨름도>는 장터에서 씨름 경기가 벌어진 모습을 그린 그림입니다. 씨름하는 사람들뿐만 아니라 구경하는 사람들의 표정까지 매우 생생하게 표현했습니다.

　<서당도>는 서당에 모여 공부하는 모습을 그린 그림입니다.

5 <씨름도>는 어디에서 씨름 경기가 벌어진 모습을 그린 그림인가요? ○ 하세요.

호수

장터　　서당

6 김홍도의 작품 중, 서당에 모여 공부하는 모습을 그린 그림은 무엇인가요? 답을 쓰세요.

서당도　｜　씨름도

→ 서당도

4단원 예체능 113

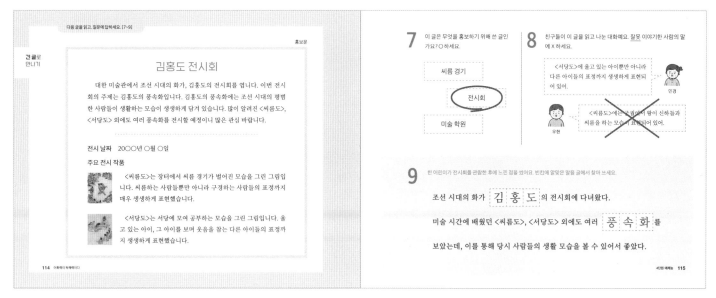

긴 글로 만나기

홍보문

김홍도 전시회

　대한 미술관에서 조선 시대의 화가, 김홍도의 전시회를 엽니다. 이번 전시회의 주제는 김홍도의 풍속화입니다. 김홍도의 풍속화에는 조선 시대의 평범한 사람들이 생활하는 모습이 생생하게 담겨 있습니다. 많이 알려진 <씨름도>, <서당도> 외에도 여러 풍속화를 전시할 예정이니 많은 관심 바랍니다.

전시 날짜　20○○년 ○월 ○일

주요 전시 작품

　<씨름도>는 장터에서 씨름 경기가 벌어진 모습을 그린 그림입니다. 씨름하는 사람들뿐만 아니라 구경하는 사람들의 표정까지 매우 생생하게 표현했습니다.

　<서당도>는 서당에 모여 공부하는 모습을 그린 그림입니다. 울고 있는 아이, 그 아이를 보며 웃음을 참는 다른 아이들의 표정까지 생생하게 표현했습니다.

114 어휘력이 독해력이다

7 이 글은 무엇을 홍보하기 위해 쓴 글인가요? ○ 하세요.

씨름 경기

전시회

미술 학원

8 친구들이 이 글을 읽고 나눈 대화예요. 잘못 이야기한 사람의 말에 X 하세요.

<서당도>에 울고 있는 아이뿐만 아니라 다른 아이들의 표정까지 생생하게 표현되어 있어.
민경

<씨름도>에는 구경하던 왕이 신하들과 씨름을 하는 모습이 표현되어 있어.
우현

9 한 어린이가 전시회를 관람한 후에 느낀 점을 썼어요. 빈칸에 알맞은 말을 글에서 찾아 쓰세요.

조선 시대의 화가 김 홍 도 의 전시회에 다녀왔다.

미술 시간에 배웠던 <씨름도>, <서당도> 외에도 여러 풍 속 화 를

보았는데, 이를 통해 당시 사람들의 생활 모습을 볼 수 있어서 좋았다.

4단원 예체능 115

19. 비만을 예방해요 / 116~121쪽

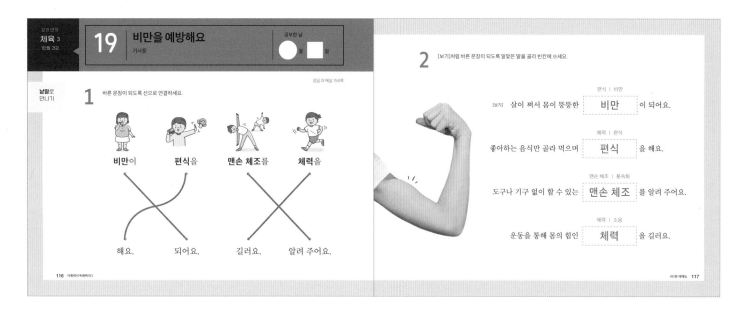

〈기사문〉

기사문은 보고 들은 사실이나 정보를 객관적으로 전달하는 글이에요. 이 글은 비만 예방 캠페인에 대해 전달하기 위해 쓴 글이에요.

➕ 더 알아보기

기사문이 갖추어야 할 조건

* 읽는 사람이 관심을 가질 만한 내용이어야 해요.
* 읽는 사람이 내용을 이해하기 쉽도록 문장을 단순하고 간단하게 써야 해요.
* 육하원칙에 따라 일어난 일을 자세하게 전달해야 해요. 육하원칙은 기사를 쓸 때 지켜야 하는 기본 원칙으로, '누가, 언제, 어디서, 무엇을, 어떻게, 왜'의 여섯 가지를 말해요.

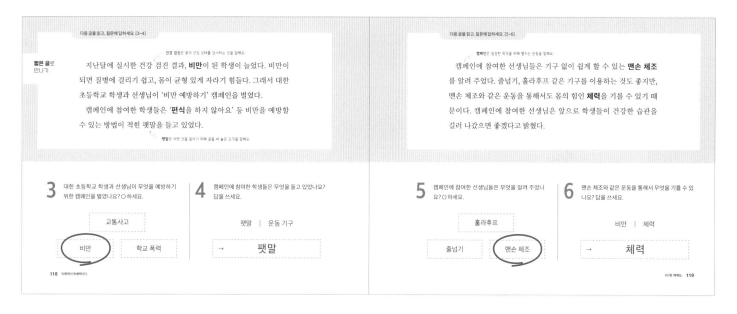

다음 글을 읽고, 질문에 답하세요. [3-4]

건강 검진은 몸의 건강 상태를 검사하는 것을 말해요.

짧은 글로 만나기

지난달에 실시한 건강 검진 결과, **비만**이 된 학생이 늘었다. 비만이 되면 질병에 걸리기 쉽고, 몸이 균형 있게 자라기 힘들다. 그래서 대한 초등학교 학생과 선생님이 '비만 예방하기' 캠페인을 벌였다.

캠페인에 참여한 학생들은 '**편식**을 하지 않아요' 등 비만을 예방할 수 있는 방법이 적힌 팻말을 들고 있었다.

팻말은 어떤 것을 알리기 위해 글을 써 놓은 조각을 말해요.

다음 글을 읽고, 질문에 답하세요. [5-6]

캠페인은 일정한 목적을 위해 펼치는 운동을 말해요.

캠페인에 참여한 선생님들은 기구 없이 쉽게 할 수 있는 **맨손 체조**를 알려 주었다. 줄넘기, 훌라후프 같은 기구를 이용하는 것도 좋지만, 맨손 체조와 같은 운동을 통해서도 몸의 힘인 **체력**을 기를 수 있기 때문이다. 캠페인에 참여한 선생님은 앞으로 학생들이 건강한 습관을 길러 나갔으면 좋겠다고 밝혔다.

3 대한 초등학교 학생과 선생님이 무엇을 예방하기 위한 캠페인을 벌였나요? ○ 하세요.

교통사고

(비만) | 학교 폭력

4 캠페인에 참여한 학생들은 무엇을 들고 있었나요? 답을 쓰세요.

팻말 | 운동 기구

→ 팻말

5 캠페인에 참여한 선생님들은 무엇을 알려 주었나요? ○ 하세요.

훌라후프

줄넘기 | (맨손 체조)

6 맨손 체조와 같은 운동을 통해서 무엇을 기를 수 있나요? 답을 쓰세요.

비만 | 체력

→ 체력

118 어휘력이 독해력이다

4단원 예체능 119

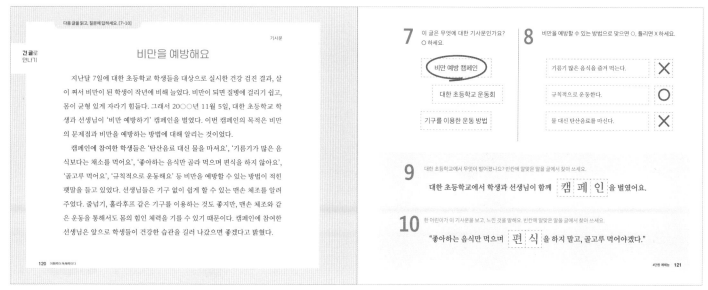

다음 글을 읽고, 질문에 답하세요. [7-10]

기사문

긴 글로 만나기

비만을 예방해요

지난달 7일 대한 초등학교 학생들을 대상으로 실시한 건강 검진 결과, 살이 쪄서 비만이 된 학생이 작년에 비해 늘었다. 비만이 되면 질병에 걸리기 쉽고, 몸이 균형 있게 자라기 힘들다. 그래서 20○○년 11월 5일, 대한 초등학교 학생과 선생님이 '비만 예방하기' 캠페인을 벌였다. 이번 캠페인의 목적은 비만의 문제점과 비만을 예방하는 방법에 대해 알리는 것이었다.

캠페인에 참여한 학생들은 '탄산음료 대신 물을 마셔요', '기름기가 많은 음식보다는 채소를 먹어요', '좋아하는 음식만 골라 먹으며 편식을 하지 않아요', '골고루 먹어요', '규칙적으로 운동해요' 등 비만을 예방할 수 있는 방법이 적힌 팻말을 들고 있었다. 선생님들은 기구 없이 쉽게 할 수 있는 맨손 체조를 알려 주었다. 줄넘기, 훌라후프 같은 기구를 이용하는 것도 좋지만, 맨손 체조와 같은 운동을 통해서도 몸의 힘인 체력을 기를 수 있기 때문이다. 캠페인에 참여한 선생님은 앞으로 학생들이 건강한 습관을 길러 나갔으면 좋겠다고 밝혔다.

7 이 글은 무엇에 대한 기사문인가요? ○ 하세요.

(비만 예방 캠페인)

대한 초등학교 운동회

기구를 이용한 운동 방법

8 비만을 예방할 수 있는 방법으로 맞으면 ○, 틀리면 X 하세요.

기름기 많은 음식을 즐겨 먹는다. ✕

규칙적으로 운동한다. ○

물 대신 탄산음료를 마신다. ✕

9 대한 초등학교에서 무엇이 벌어졌나요? 빈칸에 알맞은 말을 글에서 찾아 쓰세요.

대한 초등학교에서 학생과 선생님이 함께 캠 페 인 을 벌였어요.

10 한 어린이가 이 기사문을 보고, 느낀 것을 말해요. 빈칸에 알맞은 말을 글에서 찾아 쓰세요.

"좋아하는 음식만 먹으며 편 식 을 하지 말고, 골고루 먹어야겠다."

120 어휘력이 독해력이다

4단원 예체능 121

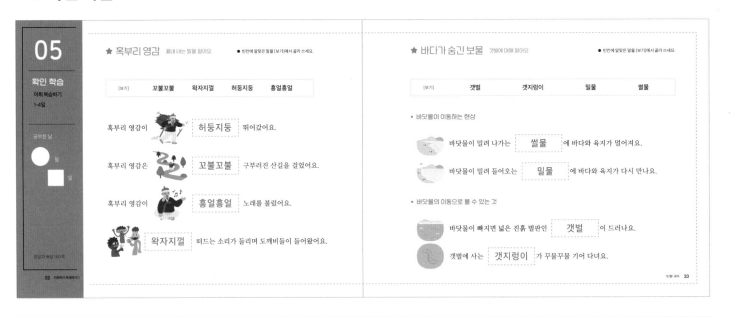

05
확인 학습
어휘 복습하기
1-4일

공부한 날

월
일

정답과 해설 160쪽

★ 혹부리 영감 흉내 내는 말을 알아요.

● 빈칸에 알맞은 말을 [보기]에서 골라 쓰세요.

[보기] 꼬불꼬불 왁자지껄 허둥지둥 흥얼흥얼

혹부리 영감이 **허둥지둥** 뛰어갔어요.

혹부리 영감은 **꼬불꼬불** 구부러진 산길을 걸었어요.

혹부리 영감이 **흥얼흥얼** 노래를 불렀어요.

왁자지껄 떠드는 소리가 들리며 도깨비들이 들어왔어요.

★ 바다가 숨긴 보물 갯벌에 대해 알아요.

● 빈칸에 알맞은 말을 [보기]에서 골라 쓰세요.

[보기] 갯벌 갯지렁이 밀물 썰물

• 바닷물이 이동하는 현상

바닷물이 밀려 나가는 **썰물** 에 바다와 육지가 멀어져요.

바닷물이 밀려 들어오는 **밀물** 에 바다와 육지가 다시 만나요.

• 바닷물의 이동으로 볼 수 있는 것

바닷물이 빠지면 넓은 진흙 벌판인 **갯벌** 이 드러나요.

갯벌에 사는 **갯지렁이** 가 꾸물꾸물 기어 다녀요.

★ 로빈슨 크루소를 읽고 내용을 정리해요.

● 빈칸에 알맞은 말을 [보기]에서 골라 쓰세요.

[보기] 꿰맸어요 빨았어요 재배했어요 지었어요

로빈슨 크루소는 무인도에서 구할 수 있는 재료들로 의식주를 해결했어요.

옷을 만들기 위해 가죽을 **꿰맸어요** .

음식을 만들기 위해 곡식을 **재배했어요** .

밀가루를 만들기 위해 밀을 **빻았어요** .

나무를 다듬어서 집을 **지었어요** .

★ 어린이 직업 체험관 직업에 대해 알아요.

● 빈칸에 알맞은 말을 [보기]에서 골라 쓰세요.

[보기] 고고학자 성우 제빵사 조종사

목소리를 사용해 연기하는 **성우**

비행기를 조종하는 **조종사**

빵을 만드는 **제빵사**

옛날 사람들의 생활, 문화 등을 연구하는 **고고학자**

10. 확인 학습 / 62~65쪽

10

확인 학습
어휘 복습하기
6~9일

공부한 날

○
월
□
일

정답과 해설 161쪽

62 어휘력이 독해력이다

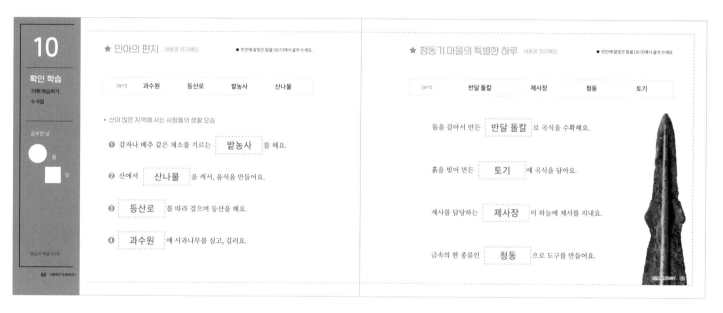

★ 민아의 편지 내용을 정리해요.   ● 빈칸에 알맞은 말을 [보기]에서 골라 쓰세요.

[보기] 과수원   등산로   밭농사   산나물

• 산이 많은 지역에 사는 사람들의 생활 모습

❶ 감자나 배추 같은 채소를 기르는 밭농사 를 해요.

❷ 산에서 산나물 을 캐서, 음식을 만들어요.

❸ 등산로 를 따라 걸으며 등산을 해요.

❹ 과수원 에 사과나무를 심고, 길러요.

★ 청동기 마을의 특별한 하루 내용을 정리해요.   ● 빈칸에 알맞은 말을 [보기]에서 골라 쓰세요.

[보기] 반달 돌칼   제사장   청동   토기

돌을 갈아서 만든 반달 돌칼 로 곡식을 수확해요.

흙을 빚어 만든 토기 에 곡식을 담아요.

제사를 담당하는 제사장 이 하늘에 제사를 지내요.

금속의 한 종류인 청동 으로 도구를 만들어요.

★ 다양한 가족 형태 비교하며 정리해요.   ● 빈칸에 알맞은 말을 [보기]에서 골라 쓰세요.

[보기] 다문화 가족   조손 가족   확대 가족   핵가족

확대 가족
부모와 결혼한 자녀가
함께 사는 가족

핵가족
부모와
결혼하지 않은 자녀가
함께 사는 가족

조손 가족
조부모와 손자 혹은
손녀가 함께 사는 가족

다문화 가족
국적과 문화가 다른
사람들이 함께 사는 가족

★ 교통안전 규칙 교통안전 포스터를 만들어요.   ● 빈칸에 알맞은 말을 [보기]에서 골라 쓰세요.

[보기] 교통사고   교통 신호   안전선   차도

교통안전 규칙을 지키지 않으면 교통사고 가 날 수 있어요!

❶ 안전선 안에 서요.

❷ 교통 신호 를 지켜요.

❸ 차도 로 다니지 않아요.

15. 확인 학습 / 92~95쪽

15 확인 학습
어휘[복습하기]
11-14일

공부한 날
월
일

정답과 해설 162쪽

92 어휘력이 독해력이다

★ 사막에 사는 동물들 정보를 정리해요. ● 빈칸에 알맞은 말을 [보기]에서 골라 쓰세요.

[보기] 낙타 사막 사막여우 전갈

사막 에 사는 동물들

전갈
온몸이 딱딱한 껍데기로 되어 있어서, 몸에 있는 물이 잘 빠져나가지 않아요.

사막여우
큰 귀를 통해서 몸의 열을 밖으로 내보내고, 체온을 조절해요.

낙타
등에 있는 큰 혹에 지방이 있어서, 이 지방을 통해 영양분을 얻을 수 있어요.

★ 톡톡이의 여행 내용을 정리해요. ● 빈칸에 알맞은 말을 [보기]에서 골라 쓰세요.

[보기] 강폭 경사 상류 하류

강 **상류** 는 강이 시작되는 곳에서 가까운 부분이에요.

강을 가로질러 잰 길이인 **강폭** 이 좁아요.

바닥이 기울어진 상태인 **경사** 가 급해요.

강 **하류** 는 강의 아랫부분이에요.

강폭이 넓고, 경사가 급하지 않아요.

3단원 과학 93

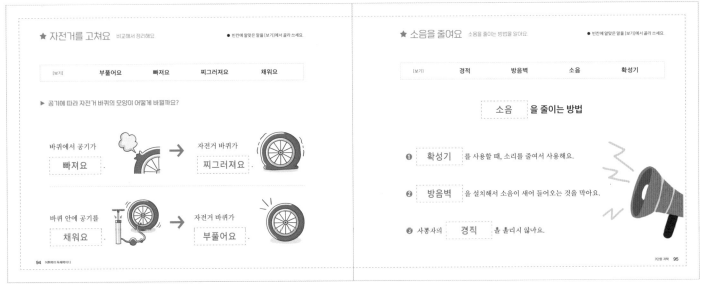

★ 자전거를 고쳐요 비교해서 정리해요 ● 빈칸에 알맞은 말을 [보기]에서 골라 쓰세요.

[보기] 부풀어요 빠져요 찌그러져요 채워요

▶ 공기에 따라 자전거 바퀴의 모양이 어떻게 바뀔까요?

바퀴에서 공기가 **빠져요** . → 자전거 바퀴가 **찌그러져요** .

바퀴 안에 공기를 **채워요** . → 자전거 바퀴가 **부풀어요** .

94 어휘력이 독해력이다

★ 소음을 줄여요 소음을 줄이는 방법을 알아요. ● 빈칸에 알맞은 말을 [보기]에서 골라 쓰세요.

[보기] 경적 방음벽 소음 확성기

소음 을 줄이는 방법

❶ **확성기** 를 사용할 때, 소리를 줄여서 사용해요.

❷ **방음벽** 을 설치해서 소음이 새어 들어오는 것을 막아요.

❸ 사용자의 **경적** 를 울리지 않아요.

3단원 과학 95

20. 확인 학습 / 122~125쪽

★ 동물들의 축제 꾸며 주는 표현을 알아요.　● 빈칸에 알맞은 말을 [보기]에서 골라 쓰세요.

[보기]　경쾌하게　늠름하게　우아하게　재빠르게

사자가　갈기를 휘날리며　**늠름하게**　걸어요.

닭이　다리를 움직이면서　**경쾌하게**　춤을 추어요.

당나귀가　**재빠르게**　뛰어다녀요.

백조가　호수에서　**우아하게**　헤엄을 쳐요.

★ 쌩쌩이의 변신 이야기의 흐름을 살펴요.　● 빈칸에 알맞은 말을 [보기]에서 골라 쓰세요.

[보기]　고물상　자연환경　재사용　폐품

주인이 망가진 쌩쌩이를　**고물상**　에 팔아 버렸어요.

고물상에는 못 쓰게 되어 버린　**폐품**　이 쌓여 있었어요.

고물상 아저씨는 물건들을　**재사용**　을 해서 쌩쌩이를 고쳤어요.

버려지는 물건도 다시 쓰면서　**자연환경**　을 보호한 것이지요.

쌩쌩이는 새로운 주인과 함께 달릴 수 있게 되었어요.

4단원 예제능 123

★ 김홍도 전시회 인물 카드를 만들어요.　● 빈칸에 알맞은 말을 [보기]에서 골라 쓰세요.

[보기]　김홍도　서당도　씨름도　풍속화

- 이름　**김홍도**

- 특징　조선 시대의 화가. 조선 시대의 평범한 사람들이 생활
하는 모습이 담긴　**풍속화**　를 많이 남김.

- 대표 작품

< **씨름도** >

씨름 경기가 벌어진
모습을 그린 그림

< **서당도** >

서당에서 공부하는
모습을 그린 그림

124 어휘력이 독해력이다

★ 비만을 예방해요 글을 요약해요.　● 빈칸에 알맞은 말을 [보기]에서 골라 쓰세요.

[보기]　비만　체력　맨손 체조　편식

비만　을 예방하는 방법

❶　**편식**　을 하지 않고, 음식을 골고루 먹어요.

❷ 도구나 기구 없이 쉽게 할 수 있는　**맨손 체조**　를 해요.

❸ 줄넘기 같은 운동이나 체조를 통해　**체력**　을 길러요.

4단원 예제능 125

자료 출처

반달 돌칼 - 국립중앙박물관	44쪽 • 49쪽
민무늬 토기 - 국립중앙박물관	44쪽
거친무늬 거울 - 국립중앙박물관	44쪽 • 49쪽
요령식 동검 - 국립중앙박물관	49쪽 • 63쪽
풍속화첩_씨름 by 김홍도, 공유마당, CC BY	110쪽 • 114쪽 • 124쪽
풍속화첩_서당 by 김홍도, 공유마당, CC BY	110쪽 • 114쪽 • 124쪽
강화 부근리 지석묘 - 국가문화유산포털	138쪽
풍속화첩_춤추는 아이 by 김홍도, 공유마당, CC BY	156쪽

국어

1단계 A / B

2단계 A / B

3단계 A / B

4단계 A / B

5단계 A / B

6단계 A / B

초등 국어 어휘력이 독해력이다 추천 연령 : 초등 1~2학년(1~2단계), 초등 3~4학년(3~4단계), 초등 5~6학년(5~6단계)

'낱말 → 짧은 글 → 긴 글'로 이어지는 3단계 학습을 통해 독해의 기본기를 다지고, 교과와 연계된 지문을 읽으면서 학교 공부도 준비할 수 있습니다.

초등 국어
한자가 어휘력이다 (전 6권)

대상 연령 : 초등 1~6학년

교과서 속 한자로 어휘력을 키우는
공부력 향상 프로그램!
이제 낯선 어휘의 의미도 아이 스스로
짐작해 낼 수 있습니다.

초등 국어
문법이 쓰기다 (전 2권)

추천 연령 : 초등 5~6학년, 예비 중학생

그림으로 쉽게, 단계적 문제 풀이로
차근차근 익히고 직접 쓰면서 정리하는
국어 문법! 중·고등 국어까지 쭉 연결되는
문법의 기본 바탕을 다질 수 있습니다.

키 초등 국어 맞춤법 (전 2권)

대상 연령 : 초등 3~6학년

쉽고 빠르게 기억나는 퀴즈 학습 전략!
일상에서 자주 틀리는 맞춤법을
재미있게 학습할 수 있습니다.

수학

그림으로 개념 잡는
초등 키 수학 (전 12권)

대상 연령 : 초등 1~6학년

우리 아이 첫 번째 수학 개념서!
어려운 수학 개념을 그림으로
쉽고 재미있게 익혀요.

초등 분수
개념이 먼저다 (전 4권)

대상 연령 : 초등 3~6학년

계산 중심이 아닌 개념과
의미로 풀어낸 진짜 수학!
재미있는 분수의 이야기를
지금 만나 보세요.

초등 소수
개념이 먼저다 (전 2권)

대상 연령 : 초등 3~6학년

여기저기 흩어져 있는
소수만 모아서 집중 탐구!
원리부터 연산까지
한 번에 잡으세요.

매스버스(www.mathbus.co.kr)에서 무료 강의 영상을 이용할 수 있습니다.

독해의 기본기를 다지는 초등 공부력 향상 프로그램

초등
국어
어휘력이
독해력이다

어휘력을 길러야 독해력이 자랍니다.
독해력을 길러야 공부력이 자랍니다.
⟨**초등 국어 어휘력이 독해력이다**⟩로 공부해야 하는 이유입니다.

● 출간

단계	**1**단계	**2**단계	**3**단계	**4**단계	**5**단계	**6**단계
권	**A** ●	**A** ●	**A** ●	**A** ●	**A** ●	**A** ●
	B ●	**B** ●	**B** ●	**B** ●	**B** ●	**B** ●
대상	**1-2**학년 추천 과정		**3-4**학년 추천 과정		**5-6**학년 추천 과정	

초등 국어 어휘력이 독해력이다 3단계 B
초판 3쇄 발행 2023년 9월 **지은이** 키 초등 학습방법연구소 **그림** 민효인, 정윤슬 **펴낸이** 김기중 **펴낸곳** (주)키출판사
전화 1644-8808 **팩스** (02) 733-1595 **등록** 1980. 3. 19. (제16-32호) **정가** 11,000원 **ISBN** 979-11-6526-082-8 (64710)

KC마크는
이 제품이
공통안전기준에
적합하였음을
의미합니다.

64710

9 791165 260828

ISBN 979-11-6526-082-8 (64710)
정가 11,000원